徐琳 著

语疆同行

——「阳光语文」照亮教育援疆之路

羊城晚报出版社
·广州·

图书在版编目（CIP）数据

语疆同行："阳光语文"照亮教育援疆之路 / 徐琳著 . -- 广州：羊城晚报出版社, 2025.6. -- ISBN 978-7-5543-1402-9

Ⅰ . G623.202

中国国家版本馆 CIP 数据核字第 2025GC5366 号

语疆同行——"阳光语文"照亮教育援疆之路
YU JIANG TONGXING——"YANGGUANG YUWEN" ZHAOLIANG JIAOYU YUANJIANG ZHI LU

责任编辑	潘子扬
责任技编	张广生
装帧设计	张林锋
出版发行	羊城晚报出版社
	（广州市天河区黄埔大道中 309 号羊城创意产业园 3-13B　邮编：510665）
	发行部电话：（020）87133053
出 版 人	陶　勇
经　　销	广东新华发行集团股份有限公司
印　　刷	广州市永祥印务有限公司
	（地址：广东省广州市天河区柯木塱南路 5 号）
规　　格	787 毫米 ×1092 毫米　1/16　印张 10　字数 168 千
版　　次	2025 年 6 月第 1 版　2025 年 6 月第 1 次印刷
书　　号	ISBN 978-7-5543-1402-9
定　　价	45.00 元

版权所有　违者必究（如发现因印装质量问题而影响阅读，请与印刷厂联系调换）

PREFACE 序

以阳光语文为舟，共筑教育援疆之路

人生如长河奔涌，总有些经历如灯塔般指引方向。2023年初，当我以广州市第二批"组团式"援疆教师的身份踏上新疆这片热土时，心中激荡的不仅是使命的召唤，更有一份跨越时空的精神传承。父亲曾在20世纪70年代远赴坦桑尼亚修建坦赞铁路，他"祖国所需，吾之所向"的信念，如同种子深埋我心。尽管家庭与工作的牵绊让支教梦迟滞多年，但当援疆的号角再次响起，这颗种子终破土而生——教育援疆，是圆梦，亦是新征程的起点；是血脉里的传承，亦是新时代的答卷。

使命：从一粒种到一片林

新疆，这片丝路驼铃回响千年的土地，承载着多元文化的厚重与瑰丽。初至南疆疏附县，我面对的不仅是维吾尔族学生拼音基础的薄弱、汉字书写的生涩，更有普通话水平参差的现实……李镇西在《做最好的老师》中写道："教育者需以社会、国家、民族的高度践行教育。"这一观点深深叩击我心。"教育者的目光，应超越课本，望向民族与未来。"这句话如重锤叩击心灵。于是，我将25年教学积淀凝练为"阳光语文"理念——让文字如阳光穿透云层，既照亮知识的原野，更温暖心灵的冻土。

阳光语文课堂，从不是机械的"教"与"学"。当阿依努尔第一次用普通话完整诵读《静夜思》，当麦麦提江在作文本上写下"我想当一名语文老师"时，我深知：教育，是用文化唤醒文化，以心灵点燃心灵。

实践：润物无声，育人有方

在戈壁的烈日与繁星下，我与当地教师共探教育之道：

1. 一生一案，以心润心。为每个学生建立"成长档案"，精准施教，从声母韵母的纠音，到横竖撇捺的运笔，用个性化辅导融化语言隔阂，耐心浸润，逐步夯实语言基础。

2. 趣味课堂，激活思维。通过课本情景剧、童谣改编、优秀传统文化体验等多元形式，让语文课跳出课本，成为学生们探索世界的窗口。

3. 三色工程，扎根本土。推行"一校三色工程"，底色培根、润色铸魂、特色发展，打造"一校三色"学校品牌，让中华民族共同体意识扎根童心。

4. 输血造血，薪火相传。通过"穗疏名师工作室""云端教研"等机制，将广州经验转化为新疆本土化教育生态，培养带不走的教师队伍。

印记：星光不负赶路人

七百多个日夜，教育的微光终成星河，教育援疆的足迹已化为切实的印记：曾沉默羞涩的阿依谢，如今在疏附县诵读比赛中熠熠生辉；拜合提亚从"汉字畏难"到用稚嫩的笔触写下第一篇日记《好玩的"雪花片"》；在"粤疏少年书信结对"活动中，三千封书信架起文化认同的桥梁；凝结穗疏智慧的《疏附县托克扎克镇中心小学创新教学模式的探究成果》成为疏附教育推行"四转化"课堂的教研读本……更令人欣喜的是，"阳光语文"教学策略、"五位一体"教研模式、"恩文化"课程在疏附县扎根，为乡村学校打造出可持续发展的教育引擎。这些，如同戈壁滩上的梭梭草，虽不起眼，却连成抵御风沙的绿色长城。

远行：此心归处，皆是疆土

援疆之旅，是付出，更是收获。我感恩这片土地赋予的成长，感恩教育同仁们的并肩同行，感恩学生们用最纯真的笑容诠释教育的意义。离疆之际，我留下的不仅是教学案例与科研成果，更是一份信念——教育的力量，在于点亮心灯，播撒希望。

教育援疆从来不是单方面的付出，而是双向的文化滋养。我带着新疆的星光回到广州，而"阳光语文"的种子，已在疏附长出新芽。未来，我愿继续以阳光语文为舟，载着中华优秀传统文化的薪火，驶向更多需要光的地方。因为教育的终极使命，从来不是独行，而是让每一束微光汇聚成星河，照亮中华民族伟大复兴的壮阔征程。

谨以此书，致敬所有以教育为舟、以文化为楫的援疆人。愿每粒语文之种，向下扎牢中华根脉，向上托举中华民族伟大复兴。

CONTENTS 目录

壹 缘起：育人为本，语文何为

第一节 困境：语文教育之"离身"……002
一、语文教学现状概览与深度剖析……002
二、透视语文教学"离身"现象……004

第二节 转向：从"离身"到"具身"……005
一、探索"具身"学习的实施价值，赋能阳光语文教育……005
二、"具身"学习视角下的学习方式转型策略……007
三、结论……010

第三节 使命：语言文字，文化桥梁……011
一、国家通用语言文字教育指导思想……011
二、国家通用语言文字教育的意义……012
三、国家通用语言文字教育的多元方法……012

贰 理念：以光为媒，唤醒生命

第一节 阳光语文的目的观……018
一、阳光语文的理论根基……018
二、阳光语文的本质属性……019
三、阳光语文的价值回归……020
四、阳光语文的向阳生长……021
五、阳光语文让学生从"读者"到"作者"……022

第二节 阳光语文的方法论……024
一、阳光语文方法论的理论基础……024
二、阳光语文方法论的核心内容……024
三、阳光语文方法论的实践路径……026

第三节 阳光语文的评价体系……030
一、阳光语文使人成为人……030
二、阳光语文评价体系的构建……031
三、阳光语文评价体系的意义……034
四、阳光语文学子的成长画像……034

叁 实践：策略构建，语用学习

第一节　识字与写字：趣味活动，文化浸润……040
　　一、识字与写字的教学策略……040
　　二、教学案例与分析……041
　　三、文化浸润：汉字教学的文化使命……043
　　"直映"认字策略……044
　　汉字书写策略研究……046
　　二年级硬笔书法教学设计……049

第二节　阅读与鉴赏：经典诵读，多元感悟……052
　　课文诗化：让语文课堂绽放诗意……052
　　情境体验：深化阅读感悟的策略……057
　　沟通互动：阅读与鉴赏的有效策略……062
　　整本书阅读：构建学习共同体的策略……067
　　想象力培养：阅读与鉴赏的核心策略……071
　　跨学科阅读："语美"融合的三驱动策略……075
　　新课程标准背景下语文与美术融合教学策略——以《海上日出》为例……078
　　利用好教材中的插图，语美融合课实践策略——以《狼牙山五壮士》为例……082

第三节　表达与交流：情境创设，自信交流……086
　　阳光语文理念下培养学生乐于表达、善于表达习惯的策略……086
　　"实践写作与人格塑造"——培养学生对写作的热忱……092
　　在做事中作文，在作文中做人——基于生活情境的作文教学实践研究……096
　　五年级上册第五单元"习作：介绍一种事物"教学设计……103
　　五年级下册第一单元口语交际《走进他们的童年岁月》教学设计……107

第四节　梳理与探究：整合教学，创新思维……114
　　单元教学意识下的梳理与探究教学策略——以"走进中国古典名著"为例……114
　　五年级下册第二单元《走进中国古典名著》梳理学习……118
　　五年级上册第一单元梳理教学设计：一花一鸟总关情……123
　　五年级下册第一单元梳理教学设计……129

肆 成效：传承交融，岁月留痕

第一节　站得住课堂——"教－学－评一体化"的"四转化"教学模式……140
　　一、教学内容目标化……140
　　二、教学目标问题化……141
　　三、教学问题过程化……142
　　四、教学过程评价化……142

第二节　乡村学校高质量发展的"一校三色"工程……………143
　一、底色：以"恩文化"为引导，学校蜕变腾飞……………143
　二、润色：教学革新与团队共筑，润泽添新绿……………144
　三、特色：塑造独特的文化润疆印记……………145

第三节　铸牢中华民族共同体意识的文化润疆篇章……………147

后记 ……………150
参考文献 ……………151

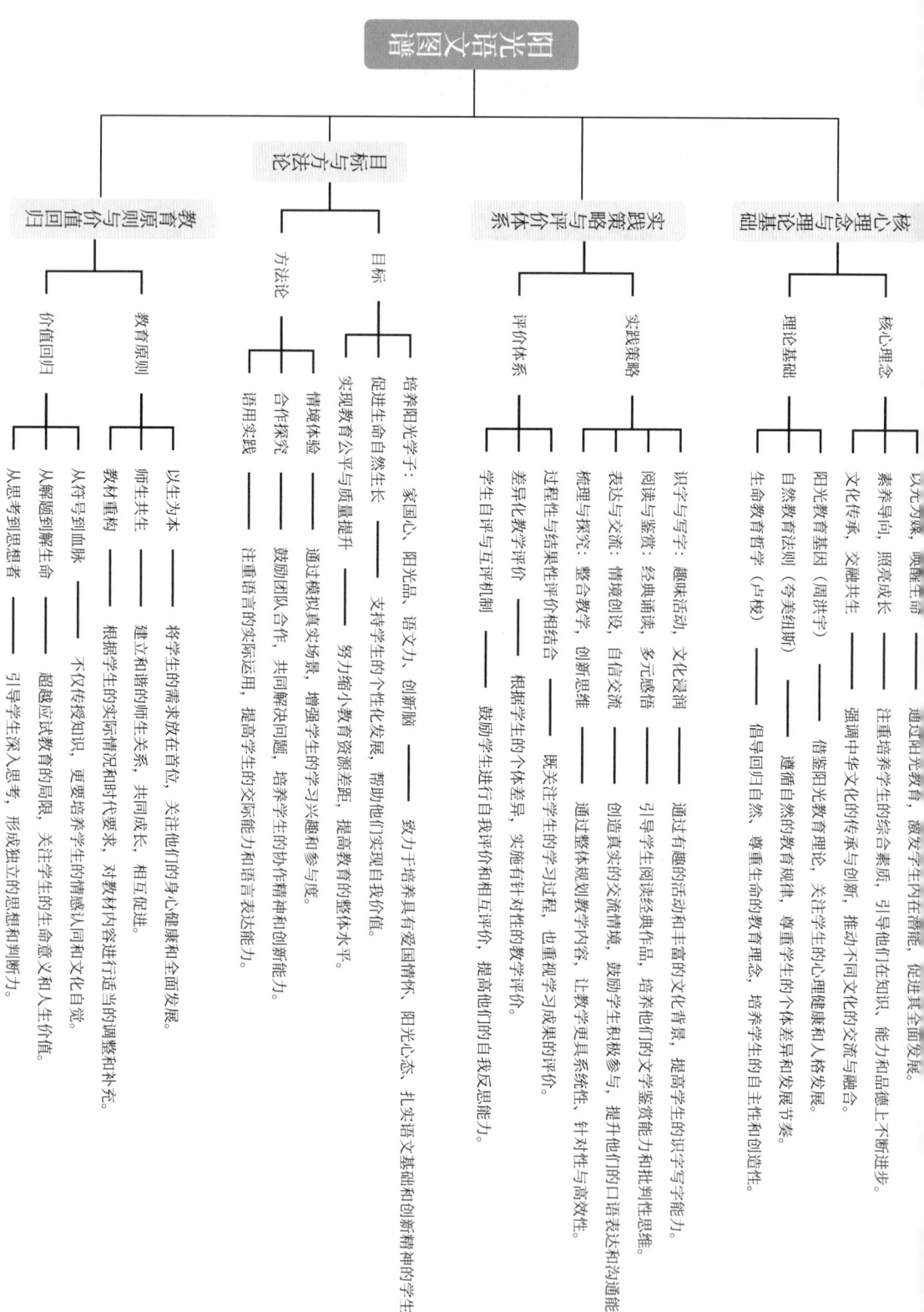

第一章 缘起：育人为本，语文何为

> 在知识的海洋中，语文教育不仅是文字的融合，更是灵魂的滋养。我们倡导以育人为核心，让语文成为照亮学生心灵、启迪智慧的光芒，引领他们走向充满阳光与希望的文学殿堂，让每一次阅读都成为心灵的对话，每一次课堂都跃动着生命的活力。

第一节　困境：语文教育之"离身"

语文教育现状存在困境，过度偏重知识灌输而非情感体验与思维培养，学校教育因此愈发趋向"离身"，脱离了学生身心实际。教育目标单一追求分数，内容僵化，过程缺乏灵动与互动，严重制约了学生综合素养的全面发展。此"离身"倾向亟待扭转，以促进学生身心和谐成长，让教育回归生命之本真。

一、语文教学现状概览与深度剖析

（一）现象归因

1. 教学价值取向：知识本位、效率优先，忽视公平、开放和可持续发展。
2. 教学目标：侧重"双基"到"三维目标"，忽视关注核心素养、关键能力、必备品格。
3. 教学内容：重视"授受之文本"，轻视"建构之载体"。
4. 教学方法和技术：重视口耳相传，忽略线上线下相结合。
5. 教学模式与策略：多单向封闭，少多样开放。
6. 学习方式：被动接受，缺少主动学习。
7. 教学评价：以"知识为本"，缺少关注"素养为重"。
8. 师生关系：没有正确认识教师与学生在课堂教学过程中是辩证互动的主客体关系。
9. 教师研修：被动受训，欠缺主动研究、自觉学习。

（二）课堂现状

普遍存在没有"预设"的课堂，"生成"质量差的课堂。

课堂上出现了教与学严重脱节的现象，即"教师教了并不意味着学生学了，而学生学了也并不意味着真正学会了"。目前，教学仍然主要依赖讲授式方法，且多以应付考试为目标。

学生学习能力两极分化严重。创造性培养缺失，主体性被忽视，教学效率低下，学生发展片面。

课堂教学"重""轻"失衡："重"数量，"轻"质量；"重"讲练，"轻"设计；"重"结论，"轻"过程；"重"讲授，"轻"实践；"重"复习，"轻"

新授;"重"局部,"轻"整体。

(三)教师状态

1. 教师关注的

"我"要教什么?——大致清楚;

"我"要怎么教?——全靠经验;

"我"要教学成果?——应试下的"唯分数、唯升学"。

2. 教师忽略的

学生需要学什么?(目标)

学生最好怎么学?(活动)

学生是否学会?(评价)

3. 教师教学设计中存在的问题

有的应付检查;有的拥有先进的教学理念,但不用于指导教学;有的教学内容的传输形式与手段、有效性落后;还有的不能因材施教。

关注教,忽视学;关注内容,忽视目标;教、学、评不一致。

当前语文教学面临的一大弊端在于教师对课程意识的普遍漠视与被动遵循,具体表现为"应试导向"的教学模式根深蒂固。教师们往往局限于"考什么就教什么"的狭隘视野中,过分依赖中高考指挥棒,忽视了语文教学的丰富内涵与深远意义。此外,对于课程标准、教科书及相关文件的要求,部分教师也只是机械地照搬执行,缺乏主动创新与个性化解读,导致教学流程僵化,课堂氛围沉闷,学生学习兴趣低落。

这些问题的存在不仅削弱了语文教学的生命力与活力,更限制了学生语言能力、思维能力及人文素养的全面发展。语文教学本应是一个充满探索与发现的过程,它要求教师具备深厚的文化底蕴、灵活的教学策略和敏锐的课程意识,以引导学生深入文本,感受语言之美,领悟文化之韵。然而,当前教师课程意识的缺失,使得语文教学逐渐沦为应试教育的附庸,失去了其应有的教育价值和人文关怀。

因此,唤醒并强化语文教师的课程意识,推动其从被动执行者向主动创造者转变,是当前语文教学改革的重要任务之一。只有让教师们深刻理解语文教学的本质与使命,勇于探索符合学生发展规律的教学路径,才能打破应试教育的桎梏,让语文教学焕发出新的生机与活力。

二、透视语文教学"离身"现象

离身是指个体在认知、情感或行为上与身体的分离,强调的是思维的抽象性和独立性。具身则是指认知、情感和行为与身体的紧密联系,认为身体的物理状态和感官经验对心智活动有直接影响。具身理论认为,我们的身体结构、感觉运动系统以及与环境的互动方式,都在塑造我们的认知过程。

在语文教学的传统模式中,往往存在着一种"离身"的困境,即教学过程与学生的身体体验、情感投入及实际情境相脱节,导致学生难以真正沉浸于语言的世界,难以深刻理解文本背后的情感与思想。这种"离身"的教学方式,不仅限制了学生学习效果的提升,也削弱了语文教学的魅力与深度。

在传统认知主义的"离身"思维框架下,教学任务被界定为增进学生的思维能力及获取客观知识,完成教学任务的过程被视为一种心智的抽象化表达活动,类似于计算机的信息输入、处理与输出流程。然而,这种忽视身体参与的倾向成为阻碍学习方式变革的关键因素。长期以来,应试教育压力导致教学过分侧重于接受式学习和低效的机械学习,学生的学习方式因此面临三大挑战——过度依赖单一感官、认知过程脱离实际经验、目标达成缺乏情感共鸣。

从认识的本质出发,所有知识均源自实践并服务于实践,而"离身"学习则与此相左,更多依赖间接经验的传授。尽管这种模式在知识传递上可能有效,但在激发学生的创新能力方面显得力不从心。在教学实践中,这一倾向可能引发以下后果:

首先,"离身"学习忽视了身体、经验及情感的角色需求,导致教师过分关注知识传递,学生则被动成为听众,接收与个人经验相割裂的信息,其身体作用及情感需求被边缘化。

其次,学生的学习与其生活经历及情感、意志等心理状态脱节,身体成为知识背后被遗忘的角落,处于沉默状态。身体的沉默状态削弱了学生的学习热情,使他们要么陷入单调的知识灌输,要么满足于表面的"探究",所学知识难以应用于现实生活中,高阶思维能力的发展无从谈起。

最后,这种模式易于使学生形成过分重视知识与技能的工具理性观念,忽视课程对个人成长的价值,如求真、向善、尚美等本质要素。在此理念下培养的人才难以领悟科学的深层文化价值,难以将积极情感与正确价值观融入学习过程。同时,受此倾向影响,评价方式也偏向单一智力测试,而对以身体为基础的价值观评价及高阶思维发展的评估则显得不够。

第二节 转向：从"离身"到"具身"

为何儿童在初学算术时要借助手指？为何有人通过洗手来减轻罪恶感？为何"感情""道德"等抽象概念的理解要借助"火热""纯洁"等身体器官的感觉去描述？作为当代认知科学新发展的具身认知理论强调认知根植于身体，并展现出实践性和活动性的特质。"具身"学习正是借助身体的感觉运动系统与外部环境的交互作用，促使学习者的认知、心理及情感层面产生变化。在这一视角下，学习的主体是全面的"自我"，超越了单纯意识的"我"，涵盖了本体论的"我"，这对推动学习方式的转变具有深远的应用价值。

立德树人是教育的核心使命，而新一轮课程改革提出的"核心素养"概念，构建了连接立德树人理念与学科教学的桥梁。在此背景下，我们需要深入思考并探索一系列关键问题：如何调整学习目标，从单纯掌握命题性知识转向全面素养的培育？如何拓宽学习时空，从课堂局限中跳脱出来，更多地观察自然、思考社会？如何转变个体角色，使学生不仅仅是学习者，更是具备现代公民素养的社会成员？"具身"学习方式无疑为此提供了新的视角。

一、探索"具身"学习的实施价值，赋能阳光语文教育

（一）以多样化方式"具身"学习，契合学生成长的时代需求

德国哲学家威廉·狄尔泰的生命哲学指出，人类通过"体验—表达—理解"的路径来揭示生命的意义世界。第二代认知科学则重申了"身体"在认知实践中的核心地位，认为认知是通过身体的体验及其活动模式构建的，体验是亲身参与和实践过程中获取的深刻感受。这些哲学观点启示我们，应持续创造有利条件，激励学生运用多元感官训练，通过体验、探索、实践、感悟、迁移，实现真正的学习深化。以舞蹈为例，这门综合表现力强的现场艺术，不仅要求动作的精湛与优美，还需音乐、肢体的和谐统一及创作者对作品深刻的理解和创新编导，才能展现形体的内在精神和作品的灵魂。单纯依靠重复模仿动作，虽能提升表演熟练度，却难以增强作品的整体感染力，这正是区分大师与普通舞者的关键所在。

在当今社会快速转型、信息化水平不断提升的背景下，互联网无孔不入，信息获取途径从单一走向无限，从确定转向无穷变化，各种思想文化交织碰撞。在

此背景下,学生成长的独立性、选择性、多变性和差异性显著增强,对书本的依赖逐渐减弱。为切实培养学生的核心素养,教学与学习方式必须与时俱进,进行相应变革。例如,在本轮课程标准修订中,思想政治学科提出了从学习方式变革推演活动型学科课程的构想,这"顺应了时代发展的潮流,我们别无选择——一种以辨析式学习活动为主导的新型课程",正是学习方式由"离身"向"具身"转变的生动体现和探索。在阳光语文教育中,我们同样可以借鉴这一理念,通过"具身"学习,让学生在多样化的学习活动中,深入体验语文的魅力,提升核心素养,让阳光语文教育更加生动有趣,充满活力。

(二)终身学习通过联结个人经验,推动深度学习的达成

知识是一种应对多变生活的工具,它帮助我们处理连续不断的新情境。杜威在《民主主义与教育》中深刻指出,当知识被单纯视为目的时,学生的学习就变成了知识的堆积,这不仅放弃了提升思维的机会,还可能损害思维能力。他作为一位经验主义者,坚信所有学习和思维都源自经验,即通过实践活动发现行为与结果之间的联系。

与传统认知理论指导下的教学相比,"具身"学习理论强调学习者的亲身经历和体验才是真正的学习。它不是仅仅提供学习内容,而是给予学生任务去做,重视身体感觉和运动系统在塑造思维方式中的作用。"具身"学习所倡导的问题思维、情境思维、主体思维,对学生的创新能力培养具有显著促进作用。在此视角下,学生不再是知识的被动接受者,而是通过实践的方式在做中学,参与课程实施。

在阳光语文教育中,我们将知识的学习与学生的个人经验紧密相连,让学生在真实情境中体验经历,将知识以及其他可转化的元素融入自身经验,从而实现个人的成长与变化。这些经验能够帮助学生识别问题、解释问题,但不提供现成的答案。我们鼓励学生通过参与生活中的真实情境活动,基于已有经验进行筹划、设计、发明、创造。正如杜威所言,"创新以及有发明意义的筹划,是用新的眼光看待事物,用不同的方法运用事物"。这正是深度学习的精髓所在,也是阳光语文教育所追求的价值。

(三)具身学习促进本我回归,实现学习过程知情意融合

德国哲学家马丁·海德格尔以"存在"理念超越了传统二元世界的划分,强调人与世界的不可分割性。他认为,人是通过身体与世界互动,从而获得对世界

的认知。这一思想为"具身"学习理论中认知、身体和环境的一体化提供了重要启示。法国存在主义哲学家梅洛·庞蒂进一步深化了身体在学习中的作用的理论,他指出身体不仅是连接"我"与世界的桥梁,更是塑造人对世界知觉的关键因素。身体的特殊结构限制并塑造着人的经验,任何学习过程都需首先认识身体所扮演的角色。

与传统认知主义将身体和心智视为对立的二元不同,"具身"学习理论强调学习过程的知情意统一。在这一视角下,学习是认知、情感、意志和行为的统一体。知识获取、情绪体验和行为操作在学习过程中是一个不可分割的整体。正如古语所言,"纸上得来终觉浅,绝知此事要躬行",身体的实践是发现知识深层意义的关键。在情感、态度和价值观领域,道德认知的获得同样离不开实践,个人德行的形成必须通过亲身体验才能获得深刻的理解。这一原则有助于摆脱单一认知型教学的局限,确保学习目标在情感、态度和价值观方面得到有效落实。

"具身"学习理论注重体验性和参与性,鼓励学生通过看、说、触、做等多感官训练感知经验,并在与环境的互动中学习,发展高阶思维。它强调情境性和生成性,以真实生活情境或实践活动为学习平台,通过完成有意义的任务,获得体验、感悟,并深入理解,形成情感认同或升华。在阳光语文教育中,我们同样可以借鉴这一理念,通过"具身"学习,让学生在参与中感受语文的魅力,体验文字背后的情感与智慧,实现知情意的融合。同时,身体作为教育的成果外显,学生的精神状态、道德水平等素养往往通过表情、言谈和行动得以体现,这使得社会主义核心价值观的培育变得可见、可评,更具现实意义。

二、"具身"学习视角下的学习方式转型策略

(一)从单一的"听讲学习"转变为强调体验的多感官参与式学习

2022年课程改革的一个关键方向是通过恰当的学科学习方法来培养学科核心素养。在过去的教学中,教师常用的教学方式是:在介绍新概念或规律时,先通过语言描述并给出定义,接着列举生活中的实例来验证这一知识点,最后让学生通过解题练习来熟练掌握这一知识点。这种单一、被动的学习方式,是在长期的传统教学方式下逐渐形成的。在这种方式下,课堂学习与学生的生活经验相互独立,容易导致理论与实践脱节。机械地用单一案例来验证观点,忽略了实践的

多样性和复杂性,也不利于学生对知识体系的整体构建。长期如此,学生的创新能力将受到抑制。

"具身"学习理论强调,心智发展并非与身体分离。学习是一种与身体和环境紧密相连的活动。这凸显了个体直接经验的重要性以及知识对情境的依赖性,亲身实践的经验对学习的成功至关重要。在设计学习过程时,应将课堂学习与学生的生活经验紧密结合,观点应从社会的真实情境和学生的直接经验中提炼。例如,在设计活动时,可以运用"具身"的方式引导学生学习,即在实践活动中生成可感知的"具身"体验,在学习抽象理论或观点时回想这一"具身"体验,以促进所学内容的迁移。实践活动有助于学生与情境本身融合,通过亲身参与形成对事物的独特感受、理解和领悟。

阳光语文应用:教师可以通过精心策划实践活动,诸如角色扮演、情景模拟以及实地考察等,使学生在亲身参与中积累经验和感悟。同时,巧妙运用多媒体技术,为学生呈现鲜活生动的情境,借助视觉、听觉、触觉等多种感官的联合刺激,有效激发学生的学习热情与参与度。此外,教师还可以组织朗读比赛、演讲及写作等丰富多彩的实践活动,让学生在实践中锤炼语言表达能力。并且,结合多媒体资源,如音频、视频等,为学生提供海量且多样的语文学习素材,从而全面提升学生的语文素养。

(二)从直接告知知识答案转变为助力学生体验学习过程

本次课程标准的更新,特别看重学习过程的正确性,即它对学生成长的重要性。在教导学生时,教师不仅要关心他们学到的知识和技能是否准确,还要关注他们学习这些知识和技能的方式是否正确。如果用错误的方法学习正确的知识,可能无法得到预期的学习效果,甚至可能南辕北辙。

学习中,信息传递主要有两个步骤:一是人际的传递,就像教师和学生之间的"说一听"过程;二是自我转化,也就是学生接收到信息后,自己再加工理解的过程。而后者正是学生从"学过了"到"学会了"的关键。要实现这个转化,需要借助具体的活动来帮助学生体验学习过程,并提升他们的思维能力。

比如,教师可以让学生在真实的或模拟的情境中,通过听、摸、做、说等多种感官的体验,获得直接的身体感受,从而更深入地理解抽象的理论。这种学习方式就是"具身"学习,它让学生通过亲自经历知识的产生过程,激发他们的思维和探索欲望。在这个过程中,学生会重新构建和理解抽象理论,并将其转化为自己的新经验。这样的学习方式不仅能提升学生的思维能力，还能将这些能力内化为他们自己的学科素养。相比起教师直接给出观点，然后严谨论证，再让学生理解和做笔记的方式，这种学习方式更为有效。

阳光语文应用：教师可以通过引导学生发现问题、提出问题、解决问题的方式，帮助学生体悟学习过程，注重培养学生的审辨式思维和创造性思维，鼓励学生在学习中进行反思和再认识。可以引导学生对课文进行深入解读和分析，鼓励学生提出自己的见解和疑问，通过讨论和辩论的方式，提升学生的思维能力和表达能力；教师可以结合课文内容，设计相关的实践活动，如社会调查、文化探访等，让学生在实践中体悟语文学习的乐趣和意义。

（三）由封闭的学习环境转向开放的学习空间

传统课堂教学面临时间紧张、地点固定、资源有限等问题，学生的学习大多局限在封闭的校园里，缺乏与社会充分交流的机会，小组合作活动也往往不够充分，这不利于培养学生的实践能力和创新思维。"具身"学习则强调开放性、动态性和生成性，它要求学生的学习不再局限于课堂，而是要拓展到社会的广阔天地中去，真正走进生活。

当前课程改革的一个重要方向是推动信息技术与课程教学的深度融合，提倡线上线下混合学习，这为"具身"学习的实施提供了更多可能。

讨论是一种非常有效的学习方法，它能帮助学生培养批判性和创造性思维。然而，如果讨论仅限于课堂内的即时交流，那么讨论的深度和广度可能会受到限制。因为课堂时间有限，学生代表的观点可能不够全面和深入，而其他学生也可能因为缺乏足够的时间和资料而无法进行有效的评论或补充。

但在网络技术环境下，我们可以采用更加灵活多样的讨论方式。教师不仅可以在课堂上组织即时讨论，还可以通过网络平台提出议题，让学生在课后有更多的时间和空间去查阅资料、实地观察或调研，从而发现问题、聚焦问题，并寻找解决问题的依据。在线上和线下学习的交互中，学生可以听到更多不同的声音，这有助于他们对自己的学习过程进行反思，并对学习结果进行更深入的认识。

阳光语文应用：教师可以利用社区资源、网络资源等，为学生提供更广阔的学习空间。鼓励学生走出课堂，参与社会实践活动，如志愿服务、社会调查等，让学生在实践中锻炼自己的能力和素质。可以组织学生参加各类文学活动、阅读推广活动等，让学生在活动中感受语文的魅力。教师可以结合学生的生活实际，

设计相关的语文实践活动,如家庭访谈、社区调查等,让学生在实践中提升自己的语文素养和综合能力。

三、结论

"具身"认知理论为我们提供了一个引导学生学习方式转型的新视角,它突破了传统认知理论对身体性忽视的局限,为以学生为立足点的学习设计提供了可能的认识论基础。研究表明,"具身"的、合作的、多模态感知学习方式对于学生——特别是那些在传统方法下学习不佳的学生——具有显著促进作用。在倡导将培育和践行社会主义核心价值观融入教育全过程的课程改革实践中,"具身"学习也应有着广阔的应用前景与发展潜力。

阳光语文所追求的,正是从"离身"走向"具身"的深刻变革。它倡导将语文教学与学生的身体感知、情感体验及生活实践紧密结合,通过创设生动的教学情境,设计互动的学习活动,鼓励学生的主动探索与表达,让学生在"具身"的体验中感受语言的温度,领悟文化的精髓。这样的教学方式,不仅能够激发学生的学习兴趣与潜能,还能够促进其全面发展,使他们在掌握语言技能的同时,也能够提升思维能力、情感素养及人文素养。

因此,阳光语文致力于打破"离身"的困境,引领语文教学走向"具身"的新时代,让每一位学生都能在语文的海洋中自由遨游,享受学习的乐趣,收获成长的果实。

第三节　使命：语言文字，文化桥梁

2023年，我自广州大地远赴新疆，教学环境的转变促使我不断革新教育教学方法。南疆乡村地区相对封闭，对国家通用语言文字的掌握能力相对薄弱。新疆的语文教育亟须新时代国家通用语言文字教育的注入，推进国家通用语言文字教学，以更好地促进语文教学的发展。大力推广和普及国家通用语言文字，铸牢中华民族共同体意识。

一、国家通用语言文字教育指导思想

以习近平新时代中国特色社会主义思想为指导，全面贯彻党的十九大和党的十九届二中、三中、四中全会精神，按照党中央、国务院决策部署，坚持以人民为中心的发展思想，以推广普及和规范使用国家通用语言文字为重点，加强语言文字法治建设，推进语言文字规范化、标准化、信息化建设，科学保护各民族语言文字，构建和谐健康的语言生活，传承弘扬中华优秀传统文化，提升国家文化软实力，为铸牢中华民族共同体意识、建设社会主义现代化强国贡献力量。

新修订的《义务教育语文课程标准（2022年版）》（以下简称"新课程标准"）仍然延续"文以载道"和"以文化人"的传统，严格落实《中华优秀传统文化进中小学课程教材指南》《革命传统进中小学课程教材指南》等重要文件，强调培根铸魂，促进学生继承和弘扬革命文化、中华优秀传统文化，以此加强学生政治认同和文化认同。就语文课程本身的性质来说，语文课程在铸牢中华民族共同体意识上有着独一无二的优势。

参考国家出台的一系列文件，如《国务院办公厅关于全面加强新时代语言文字工作的意见》，以及《关于2024年疏附县铸牢中华民族共同体意识项目立项的复函》和《关于2024年疏附县全面普及国家通用语言教育项目立项的复函》等，新疆乡村小学在推进国家通用语言文字教学时，应切实根据学生的语言现状和发展水平，精准定位教学起点，合理设定教学目标，精心设计教学流程，并灵活调整教学进度。教学应以学生的学习能力和成效为基准，充分考虑其语言基础，紧密贴合学生的学习步伐。

二、国家通用语言文字教育的意义

语言是文化的载体，语言统一是国家统一的文化基础。国家通用语言文字是一个国家的象征，更是"国民精神所寄托"的重要载体。正如我国早期语言学家指出："国人所赖以相通相结者，语言也。"如果人们"各操土音"，必然"对面无言""言不类则心易疑，此涣散之本也"；而如果"文话皆相通，中国虽大，犹如一家"。因而，"世界各强国无不以全国语言一致为内治之要端"。所以，在多民族、多语言的国家，选择一种社会功能广泛的语言作为通用语言，是在国家层面建立"文化认同"的社会基础，是各族人民共同建构"中华民族"和现代国家的历史必然。新中国成立以来，我国语言文字事业取得历史性成就，但仍存在推广不平衡、信息技术创新不足、治理体系和治理能力现代化水平需提升等问题。

新疆自古以来就是一个多民族聚居的地区，各民族之间的语言和文化差异较大。为了促进各民族之间的交流与融合，提高少数民族学生的综合素质和竞争力，新疆地区积极推行国家通用语言文字教育。国家通用语言文字教育不仅有助于少数民族学生更好地掌握国家通用语言文字的使用，还能拓宽他们的视野，增强对中华民族的认同感和自豪感。

此外，新疆实施的国家通用语言文字教育契合新课程标准要求，在语言运用与文化自信两方面均展现出显著成效。从语言运用上看，它强调学生应形成正确规范运用语言文字的意识和能力，学生通过主动学习，积累语言经验，掌握国家通用语言文字的特点与运用规律，能在各种语言情境中实现有效沟通。在文化自信层面，新疆实施的国家通用语言文字教育致力于培养学生对中华文化的深厚情感与坚定信念。通过语文学习，学生不仅感受到中华文化的独特魅力，还积极继承和弘扬中华优秀传统文化、革命文化和社会主义先进文化。同时，他们关注并参与当代文化生活，广泛了解和借鉴人类文明的优秀成果，从而形成开阔的文化视野和深厚的文化底蕴。

三、国家通用语言文字教育的多元方法

中小学教育是以文育人，以文化人。铸牢中华民族共同体意识要深刻把握"既

要做看得见、摸得着的工作,也要做大量润物细无声的事情"的思想,在潜移默化、滋润心灵中寻找以文化人与铸牢中华民族共同体意识的最佳融合方式。

以我所援助的托克扎克镇中心小学为例,该校密切关注学生的学习状态和学习进展,及时调整教学策略和教学步调,以提高学生在国家通用语言文字方面的学习效果。通过多种方式进一步弘扬中华优秀传统文化,充分体现文化润疆和疏附县教育及教育援疆的成效,在有形、有感、有效上铸牢中华民族共同体意识。

(一)执教统编教材

在南疆乡村地区用好国家统编教材、上好语文课,是提升教育质量、深化教学内涵的重要举措。南疆的语文教师们需正确理解和全面贯彻执行国家统编教材的精神与内容,确保所传授的知识既准确又权威,这是教学的基石。

为了实现这一目标,教师不仅要精通教材内容,更要注重将理论知识与学生的实际生活紧密结合起来。将抽象的知识点融入学生熟悉的生活场景中,可以增强教学的针对性和实效性,使学生更容易理解和接受所学知识。同时,开发具有地方特色的校本课程,也是丰富教学内容、提升教学效果的有效途径。

在教学过程中,教师应坚持灌输性与启发性相统一的原则。既要通过系统的知识灌输,确保学生掌握扎实的基础知识;又要通过启发式教学,激发学生的学习兴趣和思维能力,让他们在不断探索和思考中自然得出结论。这种"灌中有启""启中有灌"的教学方式,有助于培养学生的自主学习能力和创新精神。把知识讲深、讲透、讲活,以加深学生的感悟和认识。

(二)融入中华优秀传统文化教育

在教学过程中,教师注重将中华优秀传统文化的内涵和精髓融入国家通用语言文字教学中,通过辩论赛、主题活动、课堂情景剧等形式,让学生在学习国家通用语言文字的同时,增强兴趣,深入了解博大精深的中华文化,增进对中华文化的认同感和自豪感。例如,课内通过图片、视频等方式向学生生动展示不同民族的风土人情、各族人民互帮互助的生活场景;课外利用节假日、活动等契机,让学生深入社会考察,通过人物访谈、生活帮扶、社会服务等方式促进学生与各族人民的交往交流交融,帮助学生体悟各族人民团结友爱的现实状态,并对课内课外学习内容进行整合,为进一步提升学生中华民族共同体意识积累鲜活素材,提供现实依据。

（三）利用现代智能技术

充分利用现代信息技术手段，如多媒体、互联网等，以文字、图片、音像等多种形式展示国家通用语言文字所承载的中华优秀传统文化意蕴，加深学生的立体化认识和提高学生的感知度。例如，借助国家中小学智慧教育平台引进智慧教育。通过国家中小学智慧教育平台，实现课前预习与诊断、课中互动与评价、课后练习与辅导的全过程管理。教师可以根据学生的学习情况制订个性化的教学方案，实现精准施教和个性化辅导。在写字教学中运用多媒体展示多种书法字体，让学生感受中华文化的源远流长。

（四）师资培训专业化与系列化

1. 研发培训课程

针对新疆地区少数民族教师的实际需求，研发系列微课，内容涵盖国家通用语言文字的基础知识、教学技巧、文化素养等多个方面。通过系统化的培训，提升教师的国家通用语言文字教学能力和对中华优秀传统文化的认同感。

2. 提质增能

确保教师具备国家通用语言文字教育"教得好"的能力，不仅要精通国家通用语言文字的语言知识，还要掌握高效的教学方法，如情境教学、互动教学等，以激发学生的学习兴趣和动力。

针对疏附县教师普通话水平存在的弱项短板，教师系统学习普通话语音知识及科学发音吐字技巧，以提高口语表达能力。其训练项目主要包括必读轻声练习、语音语调练习、双音词练习、平翘舌音练习、儿化音练习以及常见易读错音的字词练习、综合发音练习等多个方面的内容。灵活采用对话式、探究式、情境式、讨论式、任务驱动等多种方式开展培训，提高培训者参与度，增强培训吸引力和感染力。所有参加普通话培训的学员每日在普通话测试软件上打卡学习，进行阶段性测试，促使其自我提升。

（五）打造浸润式校园环境

校园文化环境是一种无声之教，对学生人格影响的作用是巨大的。托克扎克镇中心小学沐浴党的恩情，始终以"恩"字文化打造校园环境底色。在托克扎克镇中心小学大门的左侧悬挂着习近平总书记和师生们的巨幅合影，右侧用规范汉字写着党的教育方针。通过传习门进入校园，可以看到传习路两旁的梧桐树亭亭如盖。绿荫右侧是爱国感恩励志教育文化长廊，长廊两旁悬挂着两块牌匾。左书：

铸牢中华民族共同体意识；右书：构筑中华民族共有精神家园。在长廊的宣传栏上，张贴着一幅"石榴垂枝，木棉盛开"的剪纸作品，象征着广州和疏附之间跨越山海的情谊。绿荫前方是一幢橘色教学楼，这座教学楼被命名为"感恩楼"。"感恩楼"东西两侧，"报恩楼"和"知恩楼"拔地而起。令人印象深刻的是，"感恩楼"里几乎每一面墙壁都精心设计过。每间教室的黑板上方都挂着中华人民共和国国旗，都用规范汉字书写着"牢记嘱托，不辱使命"。教室后面或是以传统节日、民族团结等为主题的黑板报，或是以"做习近平爷爷喜爱的好学生"为主题，挂有优秀毕业生的成长信息。

中华优秀传统文化是中华民族的根和魂，也是铸牢中华民族共同体意识的精神纽带。2017年2月，在自治区教育厅和中国出版集团的大力支持下，托克扎克镇中心小学拥有了新疆南疆地区第一个"华文书法教室"。目前，学校一至六年级全部开设了书法课，帮助学生感受汉字的独特魅力，领悟博大精深的中国传统文化。不只是书法，舞龙、舞狮、快板、剪纸等也被引入课堂。

教育援疆场域中的国家通用语言文字教育承载着传承文化、提升能力、渗透思政教育、促进文化交流和创新教学方式等多重担当与使命。托克扎克镇中心小学通过丰富多样的语文课堂教学及PBL项目式活动等，以课程育人、以活动育人、以文化育人，在潜移默化中传承了民族文化，增强了学生的文化自信与民族认同感，让国家通用语言文字教育在新疆大地绽放出独特的光彩。

第二章　理念：以光为媒，唤醒生命

阳光不仅是物理现象，更是教育哲学——它穿透知识的雾霭，温暖心灵的冻土。"阳光语文"绝非简单的教学技巧革新，而是一场直指教育本质的哲学重构。它以"阳光"为隐喻，强调教育应如阳光般普照万物——既有知识之光的穿透力，又有心灵之光的温度。其内核可凝练为三重维度：

1. 生命性：将语文教学视为生命对话的过程，摒弃机械的知识灌输，转而关注学生的情感体验、价值思考与人格成长。

2. 文化性：以语言文字为载体，架设古今文化之桥。例如，让学生在《静夜思》的韵律中触摸唐诗风骨，在《乡土中国》的剖析里理解文明根系。

3. 生长性：强调"从读者到作者"的蜕变，通过"文本细读—深度解读—个性创作"的螺旋式进阶，学生从被动接受者转变为主动建构者。

第一节 阳光语文的目的观

阳光语文重构教育的生命光谱,与传统语文教学的"知识本位"相比,"阳光语文"实现了三重颠覆:课堂重生——从教师独白转向师生共舞;教材活化——打破课本桎梏,突破"教教材"的局限,实现"用教材教";评价革新——用"成长档案"替代分数标尺,记录读书笔记、创意写作,让学习轨迹如年轮可视。

一、阳光语文的理论根基

"阳光语文"并非无源之水,而是根系深植于三大思想沃土,穿越时空的教育之光。

(一)阳光教育基因——周洪宇、广少奎提出的"用阳光之心育阳光之人"

"阳光教育"这一理念,最早是由华中师范大学教授周洪宇、广少奎在2004年《阳光教育论》一文中提出。他们将阳光教育定义为:"教师用爱心来关怀、理解、激励学生,使他们成为性格活泼、自立自强、合群合作的一代新人的一种教育。"所谓"阳光教育",就是用阳光之心育阳光之人的教育,是一种光明的教育、温暖的教育。

"阳光语文"教育观念是阳光教育理念在语文教学中的具体实践和生长,它强调以学生为中心,注重学生的全面发展和个性成长,让语文教学成为学生生命中不可或缺的一抹温暖阳光。

(二)自然教育法则——承袭夸美纽斯"教育效法自然"理念

在探索语文教育的道路上,阳光语文教学理念深受夸美纽斯教育思想之启迪。夸美纽斯在《大教学论》等经典著作中,倡导教育应效法自然法则,追求教学秩序的流畅无阻,同时深切关怀学生的天性释放、兴趣培养以及身心发展的自然节奏。这一视角,为"阳光语文"理念提供指示,它提倡构建一个充满愉悦与和谐的学习环境,让语文学习成为一场心灵的旅行,学生在其中不仅探索知识,更享受艺术般的审美体验,从而实现人格的完善与知识的追求。

另外,他对兴趣驱动学习的重要性的强调,以及对多样化教学手段的推崇,为"阳光语文"的实践提供了宝贵的指导。激发学生对语文的浓厚兴趣,是营造积极学习氛围的关键。通过创新教学方式、丰富课堂活动、拓展课外学习等多种方式，鼓励学生自主开发语文资源，能够有效地激发学生的内在动力，让语文学习成为一件乐事，而非负担。

（三）生命教育哲学——回归卢梭"教育即生长"的本质

卢梭在其教育哲学中提出，教育的本质在于促进生命的自然生长，而非外在的强制塑造与知识灌输。这一理念与"阳光语文"的核心思想高度契合。传统语文教学往往偏重于知识的单向传授与应试技巧的训练，忽视了学生在学习过程中的情感体验与全面发展。而"阳光语文"则以阳光的思想、特点、方法和行为为指导，使语文教学如同阳光普照万物一般，赋予教育以温暖与生命力，体现阳光的意义与作用，彰显阳光的品质。

"阳光语文"强调尊重每一个生命主体的独特性，注重创设生动活泼、充实丰富的教学环境与条件，让学生在愉悦的氛围中学习，从平和与快乐的心态出发，最大限度地激发学习的积极性与主动性。这种教学理念不仅关注学生的知识积累，更注重其情感体验、思维发展与文化认同，真正体现教育的本质——促进生命的自然生长。

此外，"阳光教育"是基于社会转型与基础教育改革的现实需求而提出的教育理念。它以"用阳光之心育阳光之人"为核心，倡导一种光明的教育、温暖的教育。在语文教学领域，"阳光语文"有效解决了当前部分乡村中小学语文教学水平相对落后、"爱"的教育缺失以及学生个性化发展需求未得到充分关注等问题。通过将阳光教育的理念融入语文教学，阳光语文为学生的全面成长提供了坚实的支持，也为教育公平与质量提升注入了新的活力。

二、阳光语文的本质属性

（一）以生为本的觉醒课堂

阳光语文始终秉持以学定教、以生为本的核心理念，将学生置于课堂的绝对核心位置。教师从"知识发射塔"转型为"思维导航员"：根据学生认知差异定制学习路径，如为拼音薄弱生设计"声韵探险游戏"，这意味着教师需要时刻关注学生的学习状态，了解他们在知识掌握、思维发展等方面的差异，针对不同学生的特点进行个性化教学。

（二）师生共生的情感磁场

建立"成长伙伴"关系：教师以《没头脑与不高兴》共读为契机，分享童年趣事，拆除权威高墙，构建平等对话的"童话驿站"。阳光语文倡导建立民主、开放、包容的师生关系，这是其本质属性的重要体现。在这样的关系中，教师放下传统的"权威"身段，主动深入学生群体中，去理解学生的内心世界。尊重每一个学生的个体差异，无论是性格、兴趣，还是学习风格、思维方式，都给予充分的尊重。努力读懂每个学生，关注他们的情感需求。当学生在学习或生活中遇到困难时，教师能够及时给予关心和支持；当学生取得进步时，给予真诚的鼓励和赞扬。通过这种方式，为学生营造一个自由、平等、积极的学习氛围，让学生在轻松愉悦的环境中主动参与学习，激发他们的学习兴趣和创新思维。在课堂上，师生之间可以进行平等的交流与对话，共同探讨问题，分享彼此的观点和想法，促进师生之间的共同成长。

（三）教材重构的创造革命

阳光语文鼓励教师突破传统"教教材"的局限，学会灵活运用教材。教师不再是教材的被动执行者，而是成为教学内容的开发者和创造者。根据教学目标和学生的实际情况，教师对教材内容进行解构和重构。一方面，将教材中的知识点进行重新整合和优化，使其更符合学生的认知规律；另一方面，将教材内容与生活紧密相连，引入生活中的实际案例、热点话题等，创设真实的语言情境。例如，将《乡土中国》与乡村振兴调研结合，引导学生用费孝通的理论解读家乡变迁，使教材成为激活现实思考的钥匙，灵活地创新运用教材。

三、阳光语文的价值回归

语文教学应遵循从语言出发，再回到语言的原则。这是吕叔湘先生所强调的文本细读方法，即通过对语言文字的深入解析，体验其中蕴含的情感，并最终回归到对语言文字的深入理解和表达上，即语文的生命叙事。

（一）从符号到血脉

阳光语文教学不仅注重语言文字的表面意义，更深入挖掘其背后的情感、思想和价值观，使学生能够全面、深刻地理解文本。《泊船瓜洲》教学不止于赏析"春风又绿江南岸",更带学生体验爱国诗人王安石"明月何时照我还"的思乡之情与报国之志的情怀,让文字成为穿越时空的血脉连接。教学不仅局限于课堂赏析与对文字符号的学习,更是一次心灵的感悟、诗意的沉浸与爱国情怀的培育。

（二）从解题到解生命

阳光语文在体验文本情感时,教师应保持客观中立,不加个人偏见或喜恶,以平和的态度引导学生去感悟文本的思想和诉求。这样做有助于学生形成独立的思考和判断能力,而不是被教师的观点所左右。例如,在"AI写作"辩论中,学生既分析《赤壁赋》的文学价值,又思辨科技时代的人文坚守,让语文成为理解生命本质的透镜。

（三）从思考到思想者

阳光语文强调要有"思"的意识,即认识到文化与语言、思想是紧密相连的,并且文化是动态、变化、发展和多元的。因此,语文教学不仅要传授语言知识和技能,更要注重培养学生的思维能力,帮助他们学会思考、学会用自己的言辞去表达所感知的世界和内心世界。这种"思"的意识是阳光语文的核心价值所在,也是推动学生全面发展的重要动力。

四、阳光语文的向阳生长

人只有通过教育才能成为人。生命教育是对"人是什么"的教育学诠释,也是阳光语文教育思想的本源之所在。要理解和实践阳光语文,首先要站在对生命深刻理解的高度理解语文。

阳光语文不仅要传授语文知识和技能,更要引导学生对人的本质、生命意义进行思考,鼓励学生积极面对生活,珍爱生命,热爱自然,努力实现自我价值与社会价值,明白人之为人的基本道理。

阳光语文主张将教学活动的核心聚焦于学生的生命成长,深入探索语言现象背后隐藏的认知与情感活动。阳光语文课堂以文本为核心,营造了一个充满活力与互动的生命对话空间,语文学习不再是简单地完成一系列外在的、繁杂枯燥的习题训练,或是单纯的概念化文本解读,而是一个师生共同体验、感悟生命内在意义的过程。阳光语文教学的人文关怀与实用功能,在生命的和谐发展中实现自然的融合与统一。

阳光语文就阅读教学而言，文本教学必须重视引导学生了解文本作者的写作状态和时代背景、生活阅历以及对生命的理解，如此，才能走近作者，走进文本、深刻领会文本本身的意义与内涵，然后才可能有适度的"代入感"。

阳光语文不只是语言文字的建构与运用，更是人文精神和文化传承的载体。通过语文学习，学生不仅可以体验到生命的喜怒哀乐、大自然的伟大、科学的神圣，更可以增进对生命的价值和意义的理解。

阳光语文要让学生在听说读写的过程中认识到，语言绝不是冰冷的符号的堆砌，也不是刻板、教条、贫乏、单一的概念和公式。阳光语文教学必须披文以入情，知人而阅世，这样才能在语言文字教学的文本解读过程中，洞见对话中的情趣与思想，还原生活真实并升华其精神内核，彰显师生、作者与文本间生命共鸣和思想碰撞的活力、张力。这种直指心性、感悟生命的教学才是语文教学的应然之举。

阳光语文的终极考场不在试卷，而在生命现场：当学生读完《荷塘月色》，能驻足校园荷塘写下自己的《月色手记》；当讨论《愚公移山》，会自发策划"校园微改造"行动方案；当学习《中国石拱桥》，愿为濒危古桥设计保护提案。这种教育不制造标准答案，而是培育三种生命力：文化根系力，在全球化浪潮中锚定中华文化认同；思想破壁力，如用《狂人日记》解构网络暴力现象；情感共情力，如借《城南旧事》开展代际对话计划。

五、阳光语文让学生从"读者"到"作者"

结合前面所提到的"具身理论"，阳光语文的教学理念期望，当学生作为读者踏入课堂时，他们能够通过品读和学习基本字词内容，初步建立起与文本的联系，这一阶段的重点是"记住"这些基础知识。随后，教学应进一步通过创造一系列真实且富有吸引力的情境，借助大单元任务群的设计，引导学生深入文本内部，体验其中的情感，并理解文本的深层内涵。这样的教学方式使学生能够更全面地理解和感受文本，而不仅仅是停留在表面的文字上。

很多时候我们的教学让学生停留在"读者"阶段。例如，在阅读教学中，我们往往习惯于从"鉴赏者"的视角出发，去分析语句采用了哪些手法，这些手法带来了哪些好处和效果。然而，我们常常忽略了更为深入的思考：作者为何选择写这些内容（而非其他内容），又为何采用这样的写作方式（而非其他方式）。

这种深入探究文本创作背后的原因和动机的视角，可称之为"解读者"的角度。作为"解读者"，我们尽可能地探索文本是如何被创作出来的，试图与作者一同经历那个创作的过程，理解作者的意图、情感和思考。阳光语文正是致力于这样的教学目标，它努力让学生在不同的情境中，不仅作为读者去欣赏和理解文本，更要作为解读者去深入探究文本的创作过程和背后的意义。在这个过程中，学生将学会如何通顺、有逻辑地表达自己的见解和思考，从而提升他们的语言表达能力和综合素养。

而当学生离开课堂时，他们将在这些真实情境中的所学所得转化为个性化的文字表达，实现对所学知识的应用、创新和深化。学生能够将原本"只可意会"的内容转化为"也可言传"的文字，实现从被动接受知识到主动创造内容的华丽转变。最终，我们期望达到的目标是：通过语文学习，学生走进课堂时是读者，能够吸收和理解；走出课堂时是作者，能够运用和创新。

从"读者"到"解读者"再到"作者"，这样的教学模式不仅有助于学生内化语文知识，更能够促使他们将所学外化为实际行动，真正实现语文学习的目的和价值。

第二节 阳光语文的方法论

阳光语文方法论是基于"素养导向、生命唤醒"核心理念的教学实践路径，通过科学化、系统化的教学策略，实现语文素养的全方位提升与生命的深度唤醒。本节内容结合新课程标准，从教学方法、课堂实践、策略构建等方面，探讨阳光语文方法论的理论基础与实践路径，力求为语文教学改革提供新的思路与方法。

一、阳光语文方法论的理论基础

阳光语文方法论的理论基础主要来源于三大教育理念：

1. 阳光教育基因：以生为本，注重学生的全面发展和个性成长，强调教师"用爱心关怀、理解、激励学生，使他们成为性格活泼、自立自强、合群合作的新一代"。

2. 自然教育法则：承袭夸美纽斯"教育效法自然"的理念，强调教育应顺应学生的天性和兴趣，营造愉悦和谐的学习环境，让学生在自然的状态下探索知识、享受学习。

3. 生命教育哲学：回归卢梭"教育即生长"的本质，强调教育应促进生命的自然生长，而非外在的强制塑造。阳光语文注重学生的情感体验、思维发展与文化认同，真正体现教育的本质——促进生命的自然生长。

二、阳光语文方法论的核心内容

（一）阳光课堂的教学理念

1. 光合作用机制

通过"光合作用"机制，营造一个开放而充满活力的学习环境。教师在设计教学目标、内容、方法及过程时，秉持开放原则，勇于突破传统框架，为学生提供广阔的探索空间。

2. 无限包容理念

阳光课堂的"无限包容"理念体现在对学生个体差异与多样性的尊重与促进上。教师不仅要关注学生的学习成果，更要关注他们的成长过程与心理需求，通过多样化的教学手段与灵活的教学策略，满足不同学生的学习需求。

3. 课程内容与现实生活的融合

阳光课堂强调将课程内容与现实生活、社会现象、科技发展、艺术创作等多元元素相融合，以拓宽学生的视野，培养他们的综合素养。教师不再是单纯的知识传授者，而是学生学习道路上的引导者与伙伴，他们引导学生走出教材的局限，关注社会热点，思考人生哲理，从而在知识的海洋中自由翱翔，实现自我价值的提升。

（二）阳光语文的教学方法

阳光语文的教学方法就是按照教学发生的自然顺序进行教学，即先有文本解读，再有教学设计，最后进行课堂操作。这一过程融合教师教的方法（教授方法）和学生学的方法（学习方法）两大方面，是教授方法与学习方法的统一。这一教学方法因其普适性和灵活性，能够跨越阶段界限，贯穿于整个教学过程中；同时，尽管业界对语文教学方法的划分方式众多，阳光语文仍秉持着"追求让语文教学变得美好"这一原则，并由此衍生出丰富多彩、富有成效的教学方法。阳光语文教学不仅传授知识，更激发学生的情感共鸣，培养他们的审美情趣，让学习成为一种享受。

在阳光语文教学落实到课堂实践的过程中，所采用的方法至关重要。课堂作为教学的主阵地，其教学实践应紧紧围绕"阳光"这一核心理念展开，营造积极向上、温暖和谐的学习氛围，激发学生的学习兴趣与潜能，促进学生全面发展。阳光语文的教学方法着重从"情境体验""合作探究""语用实践"这三大维度发力。

1. 情境教学法

情境教学法通过创设与学生生活实际紧密相连的情境，来激发学生的学习兴趣和内在潜能。这种方法超越了单纯的知识传授，更加关注学生的情感体验和价值观塑造，确保学生在学习旅程中获得全面发展。在教育领域，情境体验理论由我国著名的儿童教育家李吉林等人开创，其初衷在于克服传统教学方法中的诸如呆板、烦琐、低效等问题。该理论主张，在教学实施过程中，教师应精心构建与学生日常生活相关联的情境，营造一种轻松愉悦的学习氛围，以此鼓励学生主动学习，进而推动他们心理机能的发展以及整体素质的提高。

2. 合作学习法

合作学习法是一种强调以合作形式进行学习的教学策略。大学教学领域的知名学者麦肯奇（Wilbert McKeachie）曾指出，在探讨何种教学法最为有效时，

答案会依据目标、内容、学生及教师的具体情况而异。然而，若论及次优之选，他认为是"学生教学生"的方式，这本质上便是一种合作学习法。在阳光语文的教学中，合作学习法鼓励学生通过组建小组、参与项目式学习等途径，积极探究语文知识，旨在培养他们的合作精神与创新能力。这种方法不仅加深学生对文本内容的理解，还着重提升他们的思维能力与表达能力，促进学生在多方面取得进步。

3. 语用实践法

语用实践法在语文课程中占据着核心地位，它侧重于让学生在真实世界情境中运用汉语进行交流与应用。这一过程涵盖"识字与写字""表达与交流""阅读与鉴赏"以及"梳理与探究"等多个维度。通过这些丰富的语文学习活动，学生们能够逐步积累语言素材和经验，深化对母语特性和运用规律的理解，进而优化个人的语言表达，构建独特的语言体系，并培养出敏锐的语感。在语用实践中，学生们细致观察、分析汉字的结构与构词特点，遵循语言文字的规范，深入体会汉字背后蕴含的文化精髓。同时，语用实践法的精髓在于其实践性，它倡导学生在日常生活乃至社会实践中积极运用所学的语文知识。无论是课堂内的语言技能训练，还是课外的生活实践体验，都是语用实践不可或缺的一部分。通过这样的全方位实践，学生们的语言表达能力与综合素养将得到显著提升。

4. 任务驱动法

任务驱动法根植于建构主义教学理论，是一种高效的教学策略。它强调"任务"的明确导向与教学情境的精心构建，引导学生在真实任务的驱动下，进行探究式学习、项目式学习。这一过程中，学生每完成一个小目标，都会收获满满的成就感，这种正向反馈能够极大地激发他们的求知欲，促使他们在心智活动中形成良性循环，逐渐培养出独立探索与勇于开拓的自学能力。通过设计巧妙、富有挑战性的任务，任务驱动法能够点燃学生的学习兴趣，激发他们的内在动力。在阳光语文的教学中，学生在任务的驱动下，深入钻研文本，在解决问题的过程中锻炼了创新思维，提升了综合素养。

三、阳光语文方法论的实践路径

阳光语文方法论的实践路径需要具体的方法和策略支撑，这些方法既包括教学设计的创新，也涉及课堂实施的优化。构建阳光语文课堂的策略众多，以构建阳光语文课堂来引领语文教师变革，通过创设情境体验，凸显语文要素，关注课堂生成等行之有效的策略来践行阳光语文课堂。

（一）创设情境体验

在教育领域，情境体验理论最早由我国著名儿童教育家李吉林等人创立，旨在解决传统教学方法中的种种弊端，如呆板、烦琐、低效等，以激发学生的兴趣和潜能。该理论强调在教学过程中，通过创设与学生生活实际相联系的情境，使学生能够在轻松愉快的氛围中主动学习，从而促进学生心理机能的发展和整体素质的提升。情境体验式教学不仅注重知识的传授，更关注学生的情感体验和态度培养，使学生在学习过程中获得全面的发展。

多数学生觉得周末最不"幸"的事就是写作文。构建阳光语文课堂首先从变革"不幸"开始。弥补学生习作选材的匮乏，满足学生生活体验需要，以促进学生人格的健康发展作为出发点，是习作指导主旨。避免学生写出假大空的习作需清楚地意识到写什么比怎么写更为关键。构建阳光语文课堂之策略一就是给学生创设情境体验。通过一个又一个情境体验，以满足学生尝试、好奇、交往等需要，在情境体验中帮助学生找到习作的话语点，引导学生流露真情实感，最终形成"以做事为手段，以育人为目标，以产出优秀习作为成果"的教学体系——这就是阳光语文的核心理念。语文教师也在组织一个个情境活动中变得有活力，更有创造力，更有动力了。学生的习作水平提高了，教师改作文也不累了，真正实现阳光语文。

（二）凸显语文要素

阳光语文应该是原生态的课堂，等同于杨再隋教授提出的本色语文理念，即"简简单单教语文，扎扎实实教语文，真正做到完完全全为学生，扎扎实实求发展"。回归原生态的课堂就必须凸显语文要素——听说读写思辨，回归到语用知识落脚点。

信息技术整合下的语文课，出现了教师运用多媒体手段高耗低效地设计教学活动，"为了用而用"。如《猫》一课"丰富多腔"的词语教学，教师播放事先辛辛苦苦录下的猫叫声，并让学生学猫叫。请问这是在用语文的学习手段来解决语文的教学问题吗？原生态的阳光语文应凸显"读"的要素，以读悟义。文本中："它还会丰富多腔的叫唤，长短不同，粗细各异，变化多端。"品读这一句，听猫叫、学猫叫反而制约了学生的理解与感悟，偏离了语文。让学生披情入境地读，想象读，对比读，合作读，在师生互读互评中指导停、连的节奏，

学习重音和表现画面感等朗读技巧。以读代讲,"丰富多腔"就实实在在地被学生所积累了,内化为自己的语言,那还需要多媒体吗?

构建阳光语文课堂,在听说中扎实地带领学生体会语言文字的魅力,在读写中朴实地让学生走进温暖而鲜活的文字,在思辨中厚实地引导学生在母语的博大与温情中成长。凸显听、说、读、写、思、辨六大语文要素,回归语用知识落脚点,需强调教师课前反复研读文本,增强文体意识,增强主体意识,增强目标意识,夯实语言文字的基本功。这样回归原生态,教师们才能得心应手。精心设计每课的读写结合点:给人物心理补白,给场面增加渲染,给对话扩写提示语,给结局改编创作,给关键句写感受……续写,延伸文本理解;仿写,学习表达方法;改写,积累优美词句;补写,发挥想象,合理补白;扩写,创新思维。只要坚持每课有效地文本练笔,学生就能在表达力上有质的飞跃。

"辨"这一要素往往是语文教师有所忽略的。当下群文阅读、对比阅读、非连续性文本阅读、整本书阅读,这些新兴的阅读主题及手段,都是旨在指导学生在阅读中进行思辨,并培养高阶思维能力。如:教师将《松鼠》和《鲸》进行对比阅读教学,让学生从中增强文体意识,也分辨平实性说明文和文艺性说明文的异同。在单元整合课中,教师放手让学生创作思维导图,要求将该单元所有课文的文体、作者、中心思想、主要内容、表达特色、学生自己积累的词句等要素关联呈现。这既训练了学生的思维力,又让学生充分联结新旧知识,在求同存异中深化理解。教师在凸显语文要素中实现授之以渔。

(三)关注课堂生成

阳光语文课堂是本真的生成。唯有在课堂中教师将学生放在中央,聚焦课堂"生成",才有师生真正意义上的有效学习,才有师生对固有知识、技能和价值观的质疑创新与智慧飞跃。在一年级语文《比一比》教学中,一个学生突然问:"老师,'一群'与'一堆'一样多吗?"教师没有直接告诉学生答案,也许当时她还没想出怎样回答学生的问题,于是她让学生完成了一组量词填空。一( )苹果、一( )人、一( )杏子、一( )牛,学生在练习中领悟了一堆和一群都表示数量多的内涵,然而这时又有一个学生问:"'一群'与'一堆'都是说数量多,那么它们有没有区别呢?"语文教师应抓住"灵光一闪"——每告诉学生一个答案,就剥夺了学生一次学习的机会。只有继续对日常生活的事物进行比较异同,找寻规律,引导学生们在探索中发现,他们的思维轨迹才能呈现螺旋式的上升。

"生成"一定由民主开放的课堂孕育的。想治好教师慢性咽喉炎的职业病，就得让教师"管住"自己的嘴巴，去解放学生的嘴巴。让学生有胆子说（大声说，抢着说，愿意说）；让学生有脑子说；允许学生"你说，我说，大家说"及"好说，歹说，自由说"。

一位叫可可的小学生在课堂上大胆地对《登鹳雀楼》进行批字。可可每行诗句都批了两个字：白日依山尽——错了（"尽"应该是"进"，太阳是落进去，不是完蛋）。黄河入海流——反了（"入海流"应该是"流入海"，它都入海了，还流什么流）。欲穷千里目——晚了（太阳都落山了，还想着看得远远的，不是"晚了"吗？）。更上一层楼——傻了（那会儿别说更上一楼，更上十楼都看不清啦。真上去的话，不是"傻了"吗？）。暂时不予以评价可可的批字，但可以看出学生没有被定式的思维和被定调的思想所限制。这就是阳光语文课堂所尊重的"生成"。学生限于年龄和知识，虽然还不能理解诗的写法和意境，但敢于说出内心的感受，更利于教师进行有效的指导。

构建阳光语文课堂，不仅是语文教师从变革传统课堂模式向创新教学迈出的重要一步，更是教师自我成长与蜕变的深刻体现。在这一过程中，小语教师致力于将教学策略从单一的知识传授转变为激发学生潜能、放飞学生思维的广阔天地，同时，这也意味着对教师自身的解放，让我们在教书育人的道路上更加自信、从容。

阳光语文课堂，是一个充满正能量、活力四射的学习空间，它旨在让每一位学生都能感受到学习的乐趣，体验到成长的幸福。小语教师，作为这一美好愿景的筑梦者，努力将个人的幸福感融入教学之中，通过精心设计的教学活动、温馨和谐的课堂氛围，以及对学生个体差异的尊重与关注，将这份幸福传递给每一个学生。

在阳光语文课堂上，学生是主角，他们的每一次发言、每一个思考、每一份创作，都是课堂中最宝贵的财富。鼓励学生大胆表达、勇于探索，让他们在知识的海洋中自由翱翔，感受语言文字的魅力，领悟人生的真谛。同时，教师也在这个过程中不断学习、反思、成长，与学生一同构建了一个师生共同成长、相互成就的生命体。

最终，阳光语文课堂不仅成为学生获取知识、培养能力的殿堂，更成为师生情感交流、心灵共鸣的温馨家园。共同追寻教育的真谛，享受教育的幸福，让阳光语文课堂成为一生中最宝贵的记忆。

第三节 阳光语文的评价体系

在新课程改革的浪潮中,教育的航标已鲜明地转向从知识的简单堆砌迈向学生综合素养的全面发展。小学语文作为基础教育的坚实基石,其教学评价体系的革新,不仅是响应新课程改革号召的必然之举,更是阳光语文教学理念深化的关键一环。阳光语文强调以温暖、积极、开放的教育环境滋养学生心灵,鼓励其在语文的广阔天地中自由探索、勇敢表达、深刻感悟,这与新课程改革中强调的学生主体地位及自主、合作、探究式学习模式不谋而合。

一、阳光语文使人成为人

阳光语文评价以科学、全面的视角,深度剖析阳光语文教学过程中的点点滴滴,衡量其对学生在培育思维能力、塑造正确价值观、滋养丰富情感以及传授有效学习方法等方面所取得的成果。通过评价,教师们不仅要检验教学的成效,更要探索阳光语文如何以润物无声的方式,助力学生成为有担当、有品格、有能力、有创新的新时代青年,进而推动语文教育迈向更高的境界,实现教育的本质追求——"使人成为人"。

雅斯贝尔斯说:教育,为的是使人"通过语言传承而成为人"。"要成为人,必须靠语言的传承方能达到,因为精神遗产只有通过语言才能传给我们""学习语言可以在无形中扩大个人的精神财富"。"语言替我而思"这样的主张说明阳光语文的价值首先是基于人的生命成长,是从"使人成为人"的语文学科教学目标出发的。

此外,学生是发展中的人,这一理念深刻揭示了教育的本质与对象。一方面,学生作为人,拥有所有个体所必然具备的属性,他们是鲜活的、独立的个体,而非被异化的角色。在新时代的教育背景下,教师必须摒弃过去淡化"人性"教育的倾向,重新认识到学生是学习和发展的主体,是语文学习的主人。教师应激发学生的学习兴趣,培养其自主学习的意识和习惯,同时尊重学生的个体差异,鼓励他们选择适合自己的学习方式。另一方面,学生处于不断发展过程中,他们具有非凡的可塑性,教师应着眼于学生潜能的发挥,促进其有特色、可持续地发展。随着年龄增长和教学内容难度增加,学生的学习能力和方式也需要逐步培养与生成,不能忽视学生的发展阶段而盲目追求自主性。因此,在教学中是否把学生作为发展中的人来看待,不应以形式来核定,而应以教学内容为主导,充分发挥教师"教"的作用,同时也不否认学生接受学习的重要性。这样的教育理念才能真正促进学生的全面发展。

阳光语文作为一项使人成为人的学科教育事业,有它特定的"立体性":要有它的长度,即为人一生的发展负责;要有它的广度,即发展人生活的各种层面;还要有它的深度,即以人生的终极意义为诉求和皈依,不断提升生命的境界。因此阳光语文教师应当将教育上升到生命的高度,让教育充满生命情怀,用阳光语文教育不断润泽生命,这是阳光语文的最高境界。以此为追求,教育必将以最博大的胸怀带给师生真正的幸福。

二、阳光语文评价体系的构建

(一)过程性与终结性评价相结合

在构建全面、积极且促进学生个性化发展的语文评价体系中,过程性评价与终结性评价的紧密结合,成为一项至关重要的任务。首先,明确阳光语文评价的核心目标:不仅衡量学生对语文知识的掌握程度,更重视他们在学习过程中的成长与蜕变,包括如何将所学知识灵活应用于实际情境中,以及他们如何在这一过程中形成积极的学习态度、良好的思维习惯和健康的价值观念。

为实现这一目标,过程性评价被赋予了前所未有的重要性。鼓励学生利用专门的记录工具,如学习日志或在线平台,详细记录学习过程中的心得体会、遇到的困惑以及自我探索的解决方案。这种自我反思的过程,不仅培养了学生的审辨式思维和问题解决能力,也让教师能够更贴近学生的内心世界,理解他们的学习需求,从而提供更为个性化和精准的指导。同时,作业的设计也紧跟这一理念,通过布置探究性问题或任务,引导学生在实践中运用语文知识,促进其独立思考和创新能力的发展。

此外,终结性评价同样不容忽视,但其形式与内容需更加多样化和综合化。除了传统的考试和作业外,注重设计开放性的评价项目,如朗诵比赛、演讲展示、戏剧表演等,让学生在这些活动中充分展示自己的学习成果,体验成功的喜悦,增强自信心。这不仅能够考察学生的语文综合能力,还能够激发他们对语文学科的兴趣和热情。

在评价过程中,需要始终坚持阳光语文的积极评价原则。第一,关注学生的每一点进步和成就,用正面的语言鼓励他们勇于尝试和表达。第二,注重情感关怀,理解并尊重每位学生的个性差异,通过评价传递关爱与信任,营造出一个温馨、和谐的学习环境。第三,重视价值引领,将社会主义核心价值观及阳光语文所倡导的积极、健康、向上的价值观融入评价之中,引导学生树立正确的世界观、人生观和价值观。

（二）实施差异化的教学评价

实施差异化的教学评价,阳光语文强调以学生为中心,尊重每位学生的独特性,通过细致分析学生的能力、兴趣和需求,制定个性化的评价标准与任务。这种评价方式不仅关注学生的学习成果,更重视其成长过程,确保每位学生都能在适合自己的学习节奏中,取得成就感与进步,真正实现因材施教,让阳光洒满每一个学习角落。

在差异化教学评价的实践中,个性化学习目标的设定无疑为其核心内容奠定了坚实的基础,实现了"教—学—评"三者间的和谐统一。这一实践既契合了新课程改革的核心理念,又深度融入了阳光语文的教育哲学体系。阳光语文倡导教师深入洞察每位学生的独特背景、能力差异、个人兴趣及学习习惯,以此为依据,精心为每位学生规划出一条专属的学习航道。

针对那些在语文学习领域已显露锋芒、潜力无限的学生,鼓励他们超越表面,向更深层次迈进。通过设定富有挑战性的分析性和创造性学习目标,如引领他们深入剖析文学作品中的人物角色,挖掘隐藏于字里行间的象征意蕴,以此激发学生的审辨式思维和创新能力。而对于学习基础尚显薄弱的学生,则采取更为细致入微的教学策略,聚焦于基本技能的巩固与概念理解的深化。教师通过提供丰富的字词学习资源、采用简化版故事文本或生动有趣的绘本作为辅助材料,帮助学生逐步构建起对故事情节和语言表达的基本把握能力,使其在学习之旅中稳步前行。

在实施差异化评价时,分层评价标准的运用成为确保评价公正性与有效性的关键所在。教师需依据学生多样化的能力层次,精心设计差异化的评价任务与标准,确保每一位学生的努力与进步都能得到恰如其分的认可与反馈。这一分层评价机制,不仅能够精准地映照出学生的学习成效,更为教师提供了宝贵的参考依据,助力其及时调整教学策略,确保教学方案的灵活性与针对性,从而最大限度地满足全体学生的学习需求,让每一分努力都能在阳光语文的照耀下绽放出璀璨的光芒。

(三)建立学生自评与互评机制

构建一套科学合理的学生自评与互评机制旨在将评价权适度下放给学生,让学生在语文学习的旅途中扮演更加主动与深入的角色。阳光语文教学倡导在课堂总结、阶段性回顾乃至学期末的总结环节中,融入学生自评环节。教师作为引导者,应精心设计自评任务与指引,鼓励学生以主人翁的姿态,全面检视自己在语文学习过程中的表现,从知识点的掌握、文学鉴赏能力的提升到语言组织与表达能力的增强等多维度进行深刻反思,既提炼出闪光点以增强自信,也诚恳地剖析存在的不足,明确后续努力的方向。

构建学生自我评价机制时,需紧密贴合语文学科的本质特征。语文,作为一门人文性与工具性并重的学科,不仅要求学生掌握语言文字的基础知识与技能,更强调对文学作品的感悟能力、审美情趣及创新思维的培养。因此,在自评环节,教师应特别引导学生关注个人文学品位的提升,鼓励学生对自己的阅读感悟、写作表达进行深度剖析,力求在每一次自我审视中都能促进核心素养的全面提升。

同时,引入同伴评价机制,是完善学生评价体系不可或缺的一环。通过小组合作、项目式学习等多样化的教学模式,为学生提供相互评价、互改作品的机会。在这一过程中,学生不仅能够发现并学习同伴的优点,如独特的见解、创新的表达方式等,还能在相互反馈中清晰地认识到自己的不足,从而在比较与借鉴中共同成长。同伴评价不仅促进了学生之间的交流与合作,还激发了他们的竞争意识与合作精神,为语文学习增添了更多的活力与动力。

构建学生自评与互评的综合评价机制,是阳光语文教学中促进学生自主学习、全面发展的重要途径。通过这一机制的实施,学生将逐渐学会自我反思、自我调整与自我超越,而教师则能在这一过程中更好地了解学生的需求与差异,实施更加精准有效的教学指导,共同推动语文教学质量与学生综合素养的全面提升。

将阳光语文的理念深植于评价体系的每一个细节之中。倡导以阳光般的心态面对评价,鼓励学生在评价过程中展现真实自我,勇于接受挑战与批评,同时珍惜每一次成长的机会。这样的评价方式,能够培养出更多具有阳光心态,积极向上、全面发展的新时代青年。

三、阳光语文评价体系的意义

一方面，阳光语文评价体系在小学语文教学中的引入，标志着教学评估焦点的深刻转型。它超越了传统单一的考试成绩衡量标准，转而聚焦于学生语文能力的全方位发展，涵盖了阅读理解的深度挖掘、口头表达的自信流畅，以及写作能力的创意与个性展现等方面。这一转变激励教师在教学实践中更加注重培养学生的实际应用能力和创新思维，鼓励学生积极参与课堂互动、小组合作与自主探究，让语言成为他们探索世界、表达自我的有力工具，同时也有利于审辨式思维的萌芽与成长。

另一方面，阳光语文评价体系与新课程改革的核心理念紧密相通，都倡导学生在教育舞台上的中心地位。它不仅是学生学习成果的展示窗，更是促进学生语文素养全面升华的催化剂。通过巧妙融合过程性评价与终结性评价，阳光语文评价体系从不同角度折射出学生在语文学习旅途中的成长轨迹与独特风采，为教师提供丰富而详尽的学生发展画像。基于此，教师能够实施更加精准、个性化的教学策略，满足每位学生的独特需求，助力他们在阳光语文的照耀下，自信地迈向知识的海洋，成长为具有独立思考能力、团队协作精神和创新意识的阳光学子。这样的评价体系，充分体现了培养阳光学子的目标，绘制出一幅幅生机勃勃、充满希望的教育蓝图。

四、阳光语文学子的成长画像

"阳光语文"是一种充满诗意与活力的教育理念，它象征着将温暖、光明与活力注入语文教学之中，使之成为一种能够滋养心灵、塑造人格、提升能力的学习空间。在新疆这片充满阳光的土地上，阳光语文的教学实践更是如鱼得水，借助这片土地的自然风光与人文底蕴，将阳光语文的精髓深度融合于教学之中，能够让师生共同沐浴在语文的阳光下，感受文字的力量，体悟文学的韵味与情感，传承文化的精髓与智慧。在这样的教育理念下，阳光语文学子的画像逐渐清晰，他们具备阳光品、家国心、语文力和创新脑，是新时代的优秀学习者。

（一）阳光品：健康阳光，积极向上

阳光语文的课堂是培养学生阳光品质的重要场所。教师通过引导学生进行深入阅读和批判性思考，鼓励他们从不同角度审视问题，提出自己的见解。这种思维训练不仅锻炼了学生的逻辑思维、创新思维和辩证思维，更让他们在面对复杂问题时能够独立思考、勇于探索。这种独立思考的能力和勇于探索的精神，正是阳光品的重要体现。例如，在讨论经典文学作品时，教师鼓励学生提出自己的独特见解，即使这些见解与主流观点不同。通过这样的互动，学生能够学会尊重多元观点，同时也能培养自信和乐观的心态，促进身心健康。

此外，阳光语文教学还注重陶冶学生的情感，追求精神和思想的自由。语文教育不应仅仅停留在知识的传授上，更要关注学生的情感世界。通过阅读经典文学作品，学生能够感受到人性的温暖与美好，从而培养出积极向上、乐观开朗的品质。例如，在学习描写自然景观的课文时，教师会带领学生走出教室，亲近自然，感受大自然的美好与神奇，激发他们对生活的热爱与向往，让阳光品性在学生心中生根发芽。

（二）家国心：热爱祖国，心系社会

阳光语文教学的价值引领，让学生形成积极健康的人生观念，其中最重要的便是家国情怀。正如教育家张伯苓所言："作为一个教育者，我们不仅要教会学生知识，更重要的是要教会学生如何做人。"阳光语文课堂上，教师通过解读经典文学作品中的家国情怀，引导学生学会合作、宽以待人，拥有健康的状态和积极的人生观念。例如，在学习《岳阳楼记》时，教师不仅讲解文章的文学价值，更着重引导学生体会范仲淹"先天下之忧而忧，后天下之乐而乐"的家国情怀，让学生明白个人命运与国家命运息息相关。

此外，阳光语文的陶冶功能也为家国情怀的培养提供了广阔的空间。语文教育不应仅仅停留在课本知识的灌输上，而应鼓励学生去探索、去体验、去思考。通过阅读历史故事、现代散文和当代时事，学生能够感受到国家的发展与进步，增强对国家和民族的热爱与责任感。例如，在主题班会中，教师围绕"爱国""责任"等主题展开讨论，鼓励学生将家国情怀转化为实际行动，积极参与社会公益活动，培养他们的社会责任感。

（三）语文力：热爱语文，提升能力

阳光语文通过丰富多样的教学活动，激发学生对语言文字的热爱与兴趣，提升其在阅读、写作、表达及审辨式思维等方面的能力。

在阅读教学中，教师引导学生养成良好的阅读习惯，从"写的是什么内容""有哪些精彩之处""表达了怎样的情感""用了哪些方法""对我有什么启发""我

有哪些疑问"这六个基本问题入手,帮助学生掌握阅读的基本路径。

在写作教学中,教师注重培养学生的写作兴趣与写作能力,鼓励学生从身边的小事入手,用真挚的情感和细腻的笔触记录生活,表达自己的独特见解。通过课堂写作指导与课后写作实践相结合,学生的写作水平不断提升。

在表达教学中,阳光语文课堂还注重培养学生的口头表达能力,通过小组讨论、课堂发言、演讲比赛等形式,让学生大胆表达自己的想法,锻炼他们的语言组织能力和逻辑思维能力。

在批判性思维的教学中,阳光语文的思维训练也为语文力的提升提供了重要支撑。通过讨论、辩论等互动方式,学生的逻辑思维和辩证思维得到了充分锻炼,这不仅提升了他们的语文学习能力,更让他们在面对复杂问题时能够独立思考、勇于探索,为他们的终身学习和发展奠定坚实的基础。

(四)创新脑:敢于质疑,勇于创新

创新是推动个人和社会发展的关键动力,阳光语文教学将培养学生的创新能力作为重要目标。在语文课堂上,教师鼓励学生打破常规思维,敢于质疑、敢于创新。例如,在学习课文时,教师鼓励学生对文章的主题、情节、人物形象等进行多元解读,培养他们的审辨式思维能力。

此外,阳光语文的陶冶功能也为创新脑的培养提供了广阔的空间。语文教育不应仅仅停留在知识的传授上,而应鼓励学生去探索、去体验、去思考。通过创意写作、文学改编、戏剧表演等创新实践活动,学生能够充分发挥自己的想象力和创造力,将所学的语文知识与实际生活相结合,创造出具有个性和创意的作品。

阳光语文通过构建从语文学科知识到思维、方法、路径,再到思想、理念、价值的完整体系,让这些要素以润物无声、浑然天成的方式统一到学生的生命中去。最终,学生成为具有阳光品、家国心、语文力、创新脑的阳光学子,成为新时代的优秀学习者。

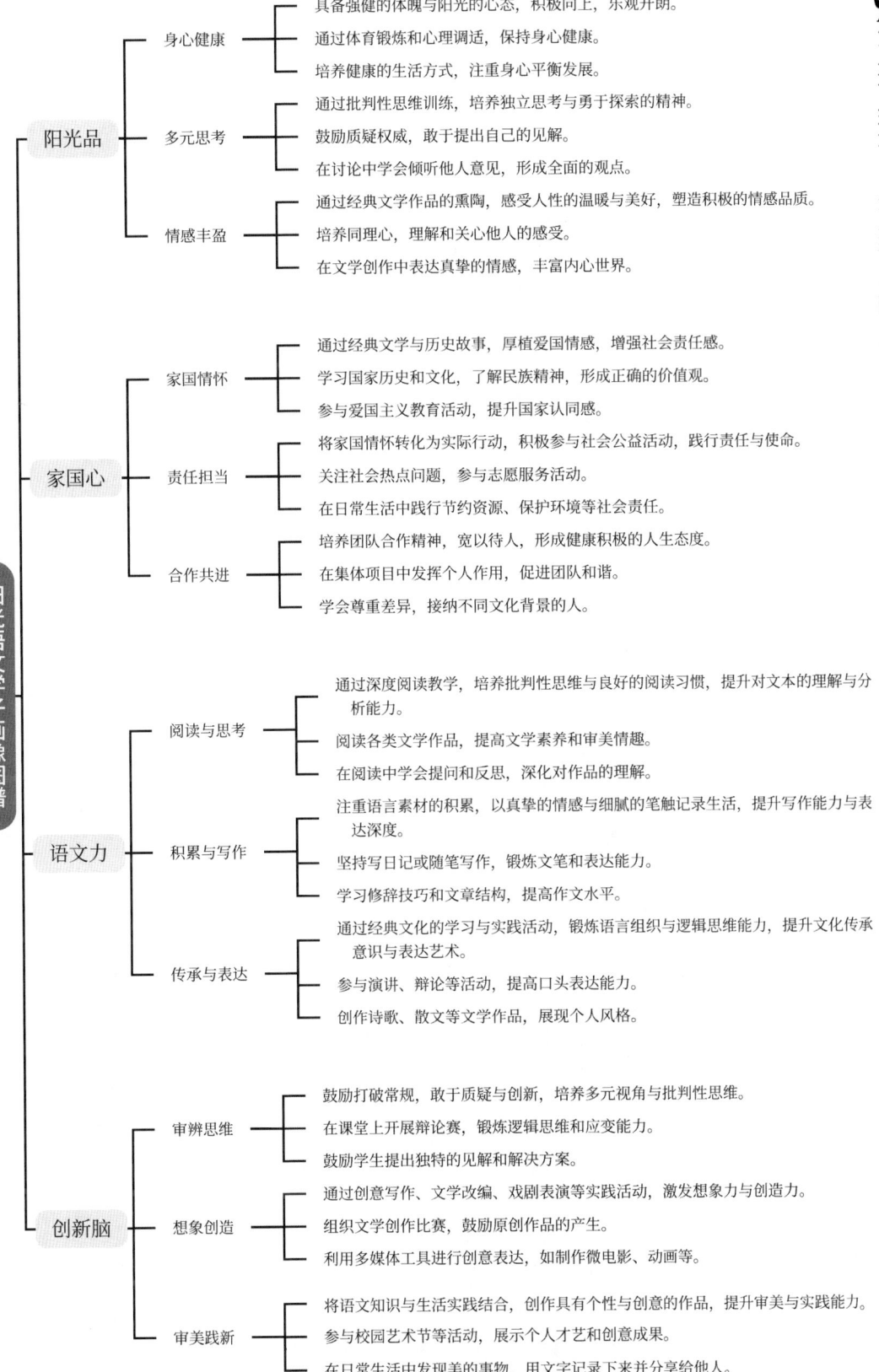

第三章 实践：策略构建，语用学习

"教学策略"的定义为：在特定的教学任务中，为了提高教学的实效性，在阳光语文的教学观念、理念和原则的指导下，根据教学条件与特点，对教学任务的诸要素进行的系统谋划，以及根据谋划在执行过程中所采用的具体措施。

在多年的语文教学实践中，我逐步构建了阳光语文的教学理念，并在教学上取得了一定成果，对学生和教师都起到了积极的指导作用。

作为区域教育发展研究院的一名研训员，我希望通过变革语文教学来引领区域语文教师心向阳光，践行阳光语文的核心——"育人为本"。

教育部颁布的《义务教育语文课程标准（2022年版）》围绕立德树人根本任务，提出语文课程培养的核心素养包括文化自信、语言运用、思维能力和审美创造四个方面，并具体化为识字与写字、阅读与鉴赏、表达与交流、梳理与探究这四大语文课程实践活动。

在核心素养背景下，我重新审视了语文教学的目标和方法，完善了阳光语文教学的一系列策略。这些策略围绕识字与写字、阅读与鉴赏、表达与交流、梳理与探究这四个语文学习维度展开。我在新疆教学实践中不断积累、反思和形成的成果，为当地的语文教学带去了阳光，点亮了师生的心灵，使语文教师能够由内而外地感受到教授语文的幸福。

第一节　识字与写字：趣味活动，文化浸润

在语文学科的教学过程中，识字与写字的培养不仅是基础能力的构建，更是文化传承的关键途径。随着新课程标准及统编教材的指导，识字与写字教学逐渐从传统的机械记忆模式，向趣味性、情境化以及文化沉浸式教学转变。实践表明，全面提升语文教师的汉字教学素养，重视并发挥汉字在语文学习中的核心作用，这不仅是实现语文课程目标的高效、低负途径，也是推进新疆地区国家通用语言文字教学的核心。

本节内容深入探讨了识字与写字的策略构建，详细阐述了多种识字写字教学策略，并辅以丰富的教学案例与反思，以期帮助教师在教学实践中灵活运用这些策略，激发学生的学习兴趣，提高识字效率，进而培养学生的文化素养。

一、识字与写字的教学策略

（一）创设真实情境，激发学习兴趣

识字与写字教学应紧密结合学生的生活实际，创设真实的情境，让学生在熟悉的场景中感知汉字。例如，教师可以引导学生观察校园中的标识牌、家庭中的物品标签等，通过生活中的汉字激发学生的学习兴趣。同时，教师可以设计一些趣味活动，如"汉字寻宝""生活中的字谜"等，让学生在游戏中自然而然地接触和认识汉字。

（二）运用多种识字方法，提高识字效率

识字方法的选择应根据汉字的特点和学生的认知规律进行多样化设计。常见的识字方法包括：

1. 随文识字：在阅读过程中，学生通过上下文理解汉字的含义和用法。

2. 集中识字：通过归类、比较等方式，帮助学生系统掌握某一类汉字。

3. 字理识字：通过讲解汉字的起源、演变和结构，帮助学生理解汉字的文化内涵，加深记忆。

4. 注音识字：借助拼音帮助学生准确发音，尤其适用于低年级学生。

（三）讲解汉字规律，强调积累与应用

汉字有其独特的构字规律，如形声、会意等。教师应引导学生掌握这些规律，

帮助学生通过联想和比较积累更多的汉字。同时，教师应注重汉字的实际应用，通过扩词、造句、阅读和写作等方式，巩固所学汉字，提升学生的语言运用能力。

（四）挖掘文化内涵，培养文化素养

汉字不仅是语言的符号，更是中华文化的载体。每个汉字背后都蕴含着丰富的历史和文化内涵。在识字写字教学中，教师应引导学生了解汉字的起源、演变及其背后的文化故事，培养学生的文化素养。例如，通过讲解"家"字的演变，学生可以了解到古代家庭的结构和生活方式，从而加深对汉字的理解和热爱。

二、教学案例与分析

（一）案例一：有趣的形声字

本案例以形声字为主题，通过创设一个有趣的形声字情境，引导学生认识形声字的特点和构字规律。

1. 教学过程

观察形声字特点：教师展示一些形声字，如"猫""狗""狮"等，引导学生观察这些字的共同特点，即这些字都是由一个表示意义的形旁和一个表示读音的声旁组成。教师利用图片和实物，帮助学生理解形旁和声旁的作用。

形声字游戏：教师设计"找朋友"游戏，让学生将形旁和声旁组合成形声字。例如，将"犭"和"苗"组合成"猫"，将"鸟"和"又"组合成"鸡"。通过游戏，学生加深对形声字构字规律的理解。

语言实践活动：教师引导学生运用所学形声字进行扩词、造句等语言实践活动。例如，用"猫"字组词——小猫、猫咪、猫爪；造句——我家有一只可爱的小猫。

2. 教学反思

本案例通过关注形声字的构字规律、运用多种识字方法以及注重语言实践活动等教学策略，有效地帮助学生掌握了形声字的特点和构字规律，提高了识字效率。同时，本案例还注重学生的学习兴趣和游戏化设计，让学生在轻松愉快的氛围中学习汉字，感受汉字的魅力。

（二）案例二：识字游戏大闯关

本案例结合统编语文教材中的识字相关内容，以"识字游戏大闯关"为主题，设计了一系列有趣的识字游戏活动，旨在通过游戏激发学生的识字兴趣，提高识字效率。

1. 教学过程

识字棋盘游戏：教师设计一个棋盘，棋盘上写有本单元的生字。学生分组进行游戏，每前进一格需要读出对应的汉字并组词。例如，前进到棋盘上的"日"字时，学生需要读出"日"并组词"日子""日出"。通过游戏，学生巩固了所学汉字。

识字跳房子：教师在地面上画出跳房子的格子，每个格子里写上一个生字。学生通过跳房子的方式，每跳到一个格子，需要读出对应的汉字并说出笔画数。例如，跳到"木"字，学生需要读出"木"并说出"四画"。这种游戏方式不仅锻炼了学生的识字能力，还增强了学生的身体协调能力。

给字搬家：教师准备一些写有生字的卡片，学生需要根据教师的指令将生字卡片归类。例如，教师说"把所有带有'木'字旁的字放在一起"，学生需要将"树""林""森"等生字卡片放在一起。通过这种游戏，学生加深了对汉字偏旁部首的理解。

小演员表演：教师准备一些写有生字的卡片，学生抽取卡片后根据字的意思表演相应的动作，其他学生猜字。例如，学生抽取"跑"字，通过表演跑步的动作让其他学生猜字。这种游戏方式不仅提高了学生的识字兴趣，还锻炼了学生的表演能力和想象力。

找朋友：教师准备一些写有生字的卡片，学生需要找到与自己卡片上的字相关的字。例如，持有"木"字卡片的学生需要找到持有"林"或"森"字卡片的学生。通过游戏，学生加深了对汉字之间关系的理解。

捉迷藏游戏：教师将生字卡片贴在黑板上，学生读一遍后闭上眼睛，教师藏起一张卡片，学生睁开眼睛后猜哪个字"藏"起来了。通过游戏，学生巩固了对生字的记忆。

2. 教学反思

本案例通过设计一系列有趣的识字游戏，将识字教学与游戏活动紧密结合，有效地激发了学生的学习兴趣，提高了识字效率。游戏化的教学方式不仅让学生在轻松愉快的氛围中学习汉字，还增强了学生的合作能力和竞争意识。同时，通过游戏，学生加深了对汉字的理解和记忆，为后续的语文学习打下了坚实的基础。

（三）案例三：在生活中识字

本案例结合小学语文统编教材中的识字单元，以"在生活中识字"为主题，引导学生在生活中发现汉字、认识汉字，感受汉字与生活的紧密联系。

1. 教学过程

校园生活识字：教师带领学生参观校园，观察校园内的标识牌、宣传栏、班级牌等，引导学生找出自己认识的字。例如，在"一年级一班"标识牌中，学生可以认识"一""年""班"等字。通过校园生活识字，学生感受到了汉字在生活中的应用。

家庭生活识字：教师布置"在生活中识字"任务，鼓励学生在家中、超市、街道等地方寻找汉字，并与家长一起制作识字卡片。例如，学生可以在超市中找到"牛奶""面包""苹果"等字词，并制作识字卡片。通过家庭生活识字，学生拓宽了识字渠道，增强了自主识字能力。

生活中的字谜：教师设计与生活相关的字谜，引导学生猜谜语。例如，"一物生得奇，人人不能离，刀切切不断，钩子钩不起（水）"，通过字谜等识字游戏，学生巩固了所学汉字，感受到汉字的魅力。

2. 教学反思

本案例通过将识字教学与学生的生活实际相结合，引导学生在生活中发现汉字、认识汉字，感受汉字与生活的紧密联系。生活化的教学方式不仅拓宽了学生的识字渠道，还增强了学生的自主识字能力。同时，通过开展生活中的字谜等识字游戏，学生巩固了所学汉字，提高了学习兴趣。

随着教育技术的持续进步和教学理念的不断更新，识字与写字教学将更加注重个性化、差异化和互动性。教师可以利用信息技术手段，如智能教学系统、在线学习资源等，为学生提供更加丰富多样的学习资源和个性化的学习路径。同时，教师还可以结合学生的实际情况和兴趣爱好，设计更加有趣、实用的识字与写字活动，让学生在轻松愉快的氛围中学习汉字，感受汉字的魅力。此外，教师还应注重培养学生的自主学习能力和创新精神，鼓励学生主动探索汉字的奥秘和文化内涵，为未来的学习和生活打下坚实的基础。

三、文化浸润：汉字教学的文化使命

汉字是中华文化的重要组成部分，识字与写字教学不仅是语言技能的培养，更是文化传承的重要途径。教师应通过多种方式，将文化浸润于识字与写字教学中，培养学生的文化认同感和自豪感。

（一）汉字与历史：了解汉字的演变

教师可以通过讲解汉字的起源和演变，帮助学生了解汉字的历史背景。例如，通过展示甲骨文、金文、篆书、隶书等不同时期的汉字，学生可以直观地感受到汉字的演变过程，理解汉字的文化底蕴。

（二）汉字与思政：领悟汉字中的价值观

许多汉字蕴含着深刻的道德观念。例如，"信"字由"人"和"言"组成，寓意人言为信，强调诚信的重要性。教师可以通过讲解这些汉字的结构和含义，引导学生领悟汉字中的道德观念，培养学生的道德素养，做好汉字的课程思政。

（三）汉字与艺术：感受汉字的美学价值

汉字不仅是语言的符号，也是一种艺术形式。教师可以通过书法、篆刻等艺术形式，让学生感受汉字的美学价值。例如，教师可以组织学生进行书法练习，让学生在书写过程中感受汉字的线条美和结构美。

在新疆教授汉字的过程中，我深入研究学生的学习特点与认知规律，探索并实践了高效、有趣的识字认字方法。为了进一步提升教学质量，我为疏附县的语文教师开展一场"汉字书写"专题培训，开展硬笔书法教学，通过系统化的讲解与示范，帮助当地教师们掌握科学的汉字教学技巧，激发学生对汉字文化的学习兴趣与热爱。

"直映"认字策略

在阳光语文教学实践中，为促进学生将"字形"与"画面"融合为"字理"记忆，本研究采用了"直映"认字策略。该策略的理论基础在于人类大脑对图像记忆的高效性。相关研究指出，视觉信息相较于抽象文字信息，更易于大脑的存储与提取。本策略通过将汉字形状与具体形象、动作或场景相结合，使学生能够直观地理解汉字的构造与意义。

该策略的核心在于将汉字形状与具体形象或场景直接关联，以在学生脑海中形成生动画面，激发其想象力。此方法不仅使学生在听故事过程中轻松记忆汉字，而且加深了对字形和字义的理解。

例如，在教授"春"字时，采用"三人日下去春游"之句，引导学生想象阳光明媚的春日，三人一同外出游玩的场景，从而帮助他们记忆字形并感受春天的气息。对于"明"字，则通过"一日一月非今天，日月明"之句，联想到太阳与月亮共同照亮夜空的景象，进而理解"明"字含义。在教授"夫"字时，描述"二人力大顶破天，大丈夫是顶梁柱"的画面，让学生体会"夫"字所蕴含的力量与责任感。此类教学方法，旨在引导学生深入理解每个字背后的文化与意义，培养其想象力与创造力。

在学生养成识别与书写汉字的习惯后，成绩提升成为自然结果。然而，对于存在读写障碍的学生，单纯依靠记忆提高语文成绩面临挑战。这些学生在课堂上可能已学会，但考试时记忆中的字词变得模糊，他们难以准确辨识。面对此情况，关键在于调动学生的全部感官，特别是训练其前庭平衡能力、触觉辨识能力，并建立方位感。

因此，在日常教学中，我不断尝试与实践，吸取经验以优化课堂内容与教学流程。研究发现，运用多彩丰富、趣味盎然的教学方法，能更有效地吸引学生注意力，在轻松愉快的氛围中促进学习。例如，将韵律操与手眼协调游戏融入课堂，利用七彩折纸、益智雪花片等教具，帮助学生手脑心合一，建立方位感，丰富画面感，提升思维创造力。伊力亚斯同学即是在此教学模式下实现成绩突破的典型例子，其在开学时存在左手写字、朗读课文时从右往左看的读写障碍。经过一学期的能力训练，其书写速度与质量显著提升，期末语文考试成绩从不及格跃升至优秀，分数从50多分提高至80多分。

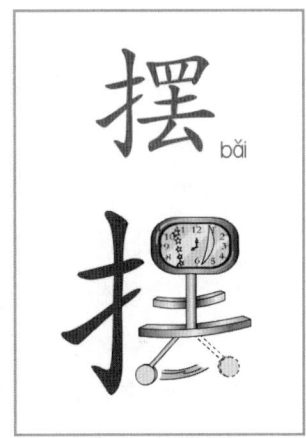

汉字书写策略研究

（2023年为疏附县语文教师开展"汉字书写"专题培训内容讲稿）

本研究旨在探讨中小学生书写汉字的有效策略。通过对学生书写现状的观察与分析，结合教师教学实践中的问题，提出了书写基础能力培养、教学方法优化等多维度的策略。

一、学生书写现状分析

（一）书写姿势与习惯问题

观察发现，许多学生在书写时存在姿势不正确的问题，如握笔姿势不当、坐姿不端正等。这些问题不仅影响书写质量，还可能导致视力下降和身体形态畸形。此外，部分学生对书写练习缺乏正确认识，将书写视为简单的作业任务，机械式地完成书写，缺乏对笔画顺序、间架结构和字义的理解。

（二）错别字与视觉方位障碍

学生在书写过程中，错别字现象较为普遍，尤其是对一些易混淆的笔画（如竖钩与竖提）和方向（如左右颠倒）存在视觉方位障碍。这不仅反映了学生对汉字结构的不熟悉，也与他们在书写过程中缺乏对字义的联想和理解有关。

二、教师教学中的问题

（一）教学方法的局限性

部分教师在汉字书写教学中，过度依赖"中版教育"微信小程序等课件资源，播放示范视频后便让学生自行练习，缺乏及时的评改和指导。这种教学方式可能导致学生错误的书写习惯根深蒂固，难以纠正。

（二）教学内容的单一性

当前的汉字书写教学多按课文识写顺序推进，缺乏对难写字、易错字和常见错因的梳理与归类。同时，书写教学将汉字的音、形、义割裂，未能充分结合生活实际和跨学科学习，影响了学生对汉字的深入理解和记忆。

三、汉字书写教学策略

（一）培养书写基础能力

1. 前庭平衡系统的发展

手部抓握时能够收放自如，同时背部能维持笔直且稳定的姿势，肩胛、手肘和手腕有稳固的力量。学生只有具备这样稳固的力量，才能在写字时手指灵活伸屈，手臂保持正确的姿势，手指、手腕才能做出灵活协调的动作。

2. 良好的手部触觉辨识能力

学生可以正确感知手中的笔，手部本体感觉发展良好，可以使出恰当的力量，调匀笔画的轻重。不至于一写字，笔芯就断掉，铅笔就断掉；而且书写笔画轻也好，重也好，学生不会有吃力感。

3. 手腕有力量，拇指、食指、中指的指尖彼此协调灵活，能够学会正确的握笔姿势。

4. 大脑双侧分化良好（左右脑能分工合作），身体双侧协调，在活动中两只手能跨越身体的中线相互支援。大脑双侧分化的目的是要跨越中央线左右协同作战。

5. 优势手已建立，可以成为握笔的惯用手，另一只手（也就是辅助手）能够压住纸张，双手协作完成任务。

6. 学生要了解自己的身体形象，认识身体的各个部位，并且能分清左右。

7. 方位感的建立

能够分清自己的前后左右上下，辨识数字、汉字等符号上下左右等的位置关系，学会看地图、指南针。在非连续性文本阅读、群文阅读中，方位感同样影响着学生的阅读。

8. 眼部肌肉控制灵活，视觉广度、视觉聚焦、视觉追踪的能力正常发展。在五年级的阅读策略单元中，学生阅读时要有一定的速度，要扫视、一目十行，尽可能扩大视域去阅读。

9. 手眼协调

眼睛能够帮助手在握笔的时候找到正确的位置，并在规定的范围内填色，比如涂鸦。

10. 有正确的笔顺概念，从上到下，从左到右，养成这个习惯。教师板书也要习惯从左边的第一块黑板书写。

综合以上,前庭平衡、触觉的辨识、动作的发展、大脑双侧分化、肌肉的张力、身体的形象、方位感、手眼协调,无一不属于感觉统合的发展。写好字的前提就是相关的感觉、综合能力发展良好。

手眼协调如何发生?眼睛看到信息后,会发出动作指令,手依据指令进行操作以完成任务。这一过程涉及多项感觉系统和神经系统的参与,使手部做出准确、清晰的动作。大脑除了要通过眼睛来了解事物的体征、颜色、形状、大小以及主体与背景的关系等基本信息之外,还要通过前庭觉、本体觉了解物体与自己位置的空间关系。只有通过身体感受物体的皮肤触觉,大脑才能够综合所有信息,发出正确的指令。在大脑作出正确指令之前,不能仅仅依靠视觉信息,前庭觉、本体觉、触觉等都需要被调动起来。所以,书写不能仅仅盯着中版课件中范字的书写提示。

(二)优化教学方法

1. 示范与指导

教师应充分利用多媒体资源进行书写示范,但不能仅依赖课件。在示范过程中,教师需详细讲解笔画顺序、间架结构和字义,并及时对学生进行个别指导和评改。

2. 梳理与归类

教师应对难写字、易错字进行系统梳理,帮助学生总结规律。例如,将形近字、同音字进行分类讲解,引导学生通过联想记忆法加深对汉字的理解和记忆。

3. 跨学科学习

结合新课程方案,教师可以设计跨学科学习活动,如在美术课上进行创意书写、在数学课上通过课程表识字等,帮助学生将汉字学习与生活实际相结合,增强学习的趣味性和实用性。

(三)强化书写练习与反馈

1. 每日书写练习

教师可以设计每日 30 字的书写练习,要求学生在规定时间内完成,并进行创意书写。练习纸可以采用 A4 纸或田字格编辑版字帖纸,方便学生规范书写。

2. 巡堂面批与反馈教师

在学生书写过程中应进行巡堂面批,及时纠正错误,给予鼓励和建议。定期组织小测验,检验学生书写水平的进步情况。

二年级硬笔书法教学设计

【教学背景】

硬笔书法是小学语文教学中的重要组成部分，尤其对于低年级学生来说，掌握正确的书写姿势和基本的运笔技巧是书写能力发展的基础。通过硬笔书法教学，不仅可以提高学生的书写质量，还能培养他们的专注力、手眼协调能力以及对汉字的审美能力。

【教学目标】

（1）知识与技能目标：学生能够掌握正确的握笔姿势和书写姿势，学会基本的运笔技巧，能够书写出轻重均匀的笔画。

（2）过程与方法目标：通过手指操、眼部运动、课文配画等活动，训练学生的手腕力量、手眼协调能力及前庭平衡系统的发展。

（3）情感态度与价值观目标：培养学生对书写的兴趣，让学生养成良好的书写习惯，增强对汉字书写的审美意识和文化认同感。

【教学安排】

课时：每周 1 课时，每课时 40 分钟。

教学对象：二年级学生。

【教学第一周】

一、教学目标

（一）运笔控制能力培养

通过课文配画《小蝌蚪找妈妈》简笔画练习，提升手部本体感知能力，掌握笔力控制技巧，实现笔画轻重均匀调配，避免因用力不当导致文具损坏，消除书写过程中的吃力感。

（二）书写姿势规范训练

强化坐姿与手臂摆放等基础书写姿势规范，增强手腕支撑力与灵活性，为精准运笔提供稳定的肢体基础。

（三）手指协调与握笔技巧掌握

训练拇指、食指、中指指尖的协同配合能力，熟练掌握三指执笔法（指腹捏笔、指端发力），形成规范、灵活的握笔动作模式。

二、教学过程

课前激趣：做手指操和写字姿势口令操。

正姿：手部抓握时能够收放自如，同时背部能维持笔直且稳定的姿势，肩胛、手肘和手腕有稳固的力量。巡堂辅导学生，帮助学生稳固手腕的力量。学生只有稳固了手腕的力量，写字时手指才能灵活伸屈，手臂才能保持正确的姿势，手指、手腕才能做出灵活协调的活动。

进行眼部运动：手眼协调，举例说涂鸦，眼睛能够帮助手在握笔的时候找到正确的位置，眼部肌肉控制灵活，视觉广度、视觉聚焦、视觉追踪的能力正常发展。

项目式任务（课文配画《小蝌蚪找妈妈》）：《小蝌蚪找妈妈》是一篇童话课文，二年级的学生需学会复述故事，借助配画能加强记忆并形成复述故事的思路，以配画的项目式任务驱动学生进行运笔能力的训练。教师板画，学生自主画画。根据课文内容，教师按小蝌蚪生长的规律，以时间推移为顺序，边读课文边配画，手脑心合一，指导学生完成多元智能的项目作业。学生自主作画，教师巡堂引导学生仔细观察，纠正握笔姿势。最后学生进行作品展示。

三、板书设计

【教学第二周】

一、基础感知与空间能力训练

通过课文配画《我是什么》简笔画练习，促进前庭平衡系统发展，强化手部触觉辨识能力，帮助学生建立上下、左右等方位空间概念，为书写布局奠定感知基础。

二、书写姿势与手部控制能力培养

规范坐姿与握笔姿势，增强手腕支撑力及灵活性，训练拇指、食指、中指指尖协调配合，掌握三指执笔法的发力技巧，形成稳定灵活的控笔能力。

三、双手协作技能强化

明确优势手（握笔）与辅助手（压纸）的分工协作，通过绘画任务训练双手配合完成精细动作，提升书写时的肢体协调能力。

四、教学过程

课前激趣：做手指操和写字姿势口令操。

正姿：手部抓握时能够收放自如，同时背部能维持笔直且稳定的姿势，肩胛、手肘和手腕有稳固的力量。巡堂辅导学生，帮助学生稳固手腕的力量。学生只有稳固了手腕的力量，写字时手指才能灵活伸屈，手臂才能保持正确的姿势，手指、手腕才能做出灵活协调的活动。

进行眼部运动：手眼协调，举例说涂鸦，眼睛能够帮助握笔的时候找到正确的位置，眼部肌肉控制灵活，视觉广度、视觉聚焦、视觉追踪的能力正常发展。

项目式任务（课文配画《我是什么》）：《我是什么》是一篇科学童话课文，二年级的学生需学会复述故事，借助配画能加强记忆并形成复述故事的思路，以配画的项目式任务驱动学生进行运笔能力的训练。教师板画，学生自主画画。根据课文内容，教师按《我是什么》中"我会变"来激发学生作画的兴趣，边读课文边配画，手脑心合一，指导学生完成多元智能的项目作业。学生自主作画，教师巡堂引导学生仔细观察，纠正握笔姿势。最后学生进行作品展示。

五、板书设计

第二节　阅读与鉴赏：经典诵读，多元感悟

在新课程标准的指导下，阅读与鉴赏活动对于学生语文素养的提升具有深远影响。该活动和"阳光语文"教学活动契合，突破了传统阅读教学的框架，从多角度为学生构建了一个全面且深入的阅读学习体系。

重视想象力的培养：新课程标准明确指出，需激发学生的好奇心、想象力以及求知欲。在阅读与鉴赏的教学过程中，教师通过多种教学手段实现这一目标。

强调跨学科的整合：新课程标准强调学科间的整合，特别是语文与美术的融合教学，其实践效果尤为显著。

突出多样化的阅读形式：跨学科阅读、整本书阅读以及课内外阅读等多种形式，共同构成了一个丰富多彩的阅读生态。

无论是积累背景知识以丰富想象，还是通过跨学科融合拓宽阅读视野，抑或是利用多种阅读形式深化理解，本节内容都力求为教师提供实用、可操作的教学指导。通过案例分析，在阅读与鉴赏的语文实践活动中，教师可以采用多种策略培养学生的想象力、跨学科学习能力以及鉴赏力。

课文诗化：让语文课堂绽放诗意

儿童诗在小学语文教育领域宛如一颗被重新擦亮的明珠，其作为优势教育资源的地位日益凸显，受到广泛的认可与重视。

小学语文教材的儿童文学化进程，更是为儿童诗融入素质教育体系搭建了一座便捷的桥梁。正如语文教育界普遍认同的观点——小学低段以韵文为主的课文设置，以及让低段学生先写诗再写文的教学路径，高度契合儿童的年龄特点，是符合教育规律的科学选择。

踏上教育援疆之路后，我在教学实践中发现，课文诗是一把能为阳光语文课堂注入活力与诗意的"金钥匙"。课文诗以课文内容为源头活水，紧密围绕语文学习展开，同时采用诗歌这一灵动的艺术形式进行呈现，具有实用性、针对性、简洁性和凝练性等显著特点。在三年级语文教学的起始阶段，我深知应

遵循学生的成长规律和学习节奏,因此并不对课文诗的韵律、平仄作严苛要求,只期望学生们能写出每行字数大致相等、富有节奏感的文字,运用自己独特且精练的语言,以所学课文为蓝本展开创作。在这个过程中,我始终坚守分层要求、鼓励尝试、兴趣优先的原则,为暂时写不出的学生提供教师的下水诗供其摘抄学习,为富有创意的学生搭建展示才华的平台,致力于让每一个学生都能在课文诗的创作中有所收获。

一、摘录连缀

汇聚课文精粹,搭建诗意框架,这些指导学生们创作课文诗的灵感有一部分源自"摘录连缀法"。这一方法最初应用于概括段落大意和归纳主要内容,需要在摘录文章关键词的基础上进行巧妙连缀。将其迁移至课文诗的创作中,形成了一套行之有效的步骤:

1. 熟读课文,融入情境:引导学生们反复诵读课文,全身心地投入文本所描绘的世界中,为后续的创作积累丰富的感知。

2. 标注关键,聚焦要点:鼓励学生们拿起荧光笔,精准地标注出每个文段中的关键词语,以此把握课文的核心内容。

3. 提炼标题,梳理脉络:在自然段旁写下简洁明了的小标题,梳理课文的结构和思路,为诗歌创作构建清晰的框架。

4. 连缀成诗,点亮诗意:将这些小标题进行巧妙连缀与加工,使其以诗歌的形式呈现出来。

以《观潮》的课文诗创作为例:
天下奇观钱塘潮,
八月十八来观潮。
人山人海盼大潮,
浩荡大潮飞奔来。
霎时潮头奔腾去,
看堤已涨两丈高。

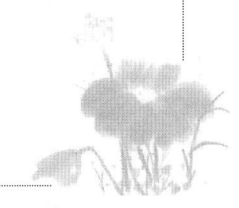

又如《颐和园》的课文诗：

中外古今知颐和，
颐和美景说不尽。
如有机会去游玩，
一定留心细细看。
因为颐和景太多，
多得真是数不尽。
这里一条大长廊，
昆明湖上十七孔，
万寿山藏佛香阁，
半山腰有排云殿。
这般美景写不出，
只能用眼细细看。

借助摘录连缀法，学生们不仅能够提纲挈领地概括课文的主要内容，更能在这个过程中为课文增添一抹浓郁的人文诗意，让语文学习变得趣味盎然。

二、借题发挥

挖掘独特视角，抒发个性诗意。"借题发挥"在传统意义上指借助某件事情来表达自己的真实想法或主张。在课文诗的创作指导中，我引导学生们运用这一方法，以课文为依托，深入挖掘独特的视角，抒发个性鲜明的诗意。

具体操作步骤如下：

1. 熟读深思，吃透文本：让学生们反复阅读课文，深入理解文本的内涵和情感，为后续的发挥奠定坚实的基础。

2. 把握主旨，明确方向：引导学生们准确把握课文的中心思想，以此为指引，展开个性化的思考和表达。

3. 借题抒怀，展现个性：鼓励学生们针对课文中的事件、人物等元素，大胆地发表自己独特的见解，将个人的思考融入其中。

4. 雕琢语言，铸就诗篇：让学生们对自己的想法进行概括提炼，精心雕琢语言，使其成为富有节奏感和充满韵味的课文诗。

如《白鹅》的课文诗：
　　白鹅白鹅真高傲，
　　声音似厉声呵斥。
　　白鹅白鹅真高傲，
　　步调非常从容。
　　白鹅白鹅真高傲，
　　吃饭有人旁侍候。

再看《鸟的天堂》的课文诗：
　　啊！鸟的天堂，
　　是多么神奇，
　　多么不平凡。
　　那独木成林的百年古树，
　　是多少鸟儿温暖的家！
　　不会有人去惊扰它们，
　　它们是多么快活，
　　多么高兴啊！
　　那是一个鸟儿的极乐世界！

在这些课文诗中，教师既能看到学生们对课文内容的精准把握，又能感受到他们借题发挥所展现出的独特思考和丰富想象力。通过这样的创作过程，学生们实现了从对课文的理解到自我表达的跨越，将内化的知识转化为外化的诗意作品。

三、复述提炼

深化理解感悟，升华诗意表达。复述，是学生在理解课文内容及其结构联系的基础上，对课文进行加工整理并通过口头表达呈现的过程；提炼，则是对语言文字进行高度概括和归纳。复述提炼法常常应用于写事类课文，尤其适用于第二课时的结课阶段。通过引导学生们对课文内容进行复述，并在此基础上运用精练的语言进行高度概括，以诗歌的形式表达出来，从而实现深化理解和

升华情感的目的。

具体步骤如下：

1. 熟读复述，梳理脉络：让学生们充分熟读课文，然后对课文内容进行简要复述，梳理出课文的主要情节和发展脉络。

2. 精简语言，凝练表达：在第一次复述的基础上，引导学生们再次简述课文内容，力求做到语言简洁明了，将长话浓缩为短话，突出重点内容。

3. 提炼诗意，创作诗篇：鼓励学生们运用富有诗意的语言，将精简后的复述内容进行提炼和创作，形成独具韵味的课文诗。

以《西门豹》的课文诗创作为例：

邺地萧条人烟少，魏王委任西门豹。
深入群众来调查，巫婆官绅搜民营。
河伯娶亲豹来贺，巫婆入水把信报。
恶官丧命漳河里，除暴安良方法妙。
百姓齐夸好太守，齐心协力凿渠道。
荒芜邺地成闹市，全靠好官西门豹。

在这一过程中，学生们通过复述提炼创作课文诗，不仅对课文内容和主题进行了深度回顾，还在创作过程中对原课文进行了二次创作和升华，极大地提高了学习的实效性，实现了读写的有机结合，让每一堂语文课都成为学生们锻炼写作能力的实践场。

四、即兴创作

捕捉灵感瞬间，挥洒自由诗意。即兴创作在艺术领域中是一种充满激情与创造力的表达方式，艺术家们往往在特定的情境下，受到某种因素的触动，凭借内心的感受自由地进行创作。我将这一理念引入课文诗的创作中，鼓励学生们依据自己的知识积累和生活体验，结合课文内容自由地挥洒诗意。即兴创作具有形式灵活、涉及面广、篇幅可长可短的特点，学生们可以记录下对课文某一情景瞬间产生的感想，也可以捕捉在学习过程中闪现的灵感火花。

具体操作方法如下：

1. 回顾情境，激活记忆：引导学生们回顾与课文相关的事件、人物或场景，激活脑海中的记忆，为创作寻找灵感源泉。

2. 抒发感受，畅所欲言：鼓励学生们大胆地发表自己对这些内容的看法和感触，将内心的想法毫无保留地表达出来。

3. 诗意记录，定格美好：帮助学生们将那些深刻的感受和独特的感悟用富有诗意的语言记录下来，形成别具一格的课文诗。

在课文诗的创作实践中，我们始终牢记，创作的最终目的是学以致用。鼓励学生们进行即兴创作，是引领他们从被动学习走向主动探索、从课堂走向生活、从理论学习走向实践运用的关键一步。当然，要让学生们具备即兴写诗的能力并非一蹴而就，需要他们对课文有深入的解读和真切的感悟，同时还需具备较高的语言驾驭能力。这不仅是对学生们的挑战，更是对我们教育工作者提出的更高要求。课文诗作为阳光语文课堂中的一抹绚丽色彩，以其独特的赋能之策，培养了学生们对生活和自我的关注与思考，激发了他们对语文学习的浓厚兴趣，提升了他们驾驭语言文字的能力，丰富了他们的情感世界。在教育援疆的道路上，课文诗如同璀璨的星辰，让阳光语文课堂绽放出诗意的光芒，照亮学生们成长的道路。

情境体验：深化阅读感悟的策略

2022 年版语文新课程标准凸显了审美创造核心素养的重要性，要求学生在语文学习过程中不仅需理解并感悟文本，还应通过审美体验和创造性思维，形成个性化的审美表达。基于此理念，本文探讨了"在情境中体验，在体验中走向思维的具体"这一教学策略在阅读教学中的应用。通过情境创设和体验性学习，学生能够在亲身体验中获取直接经验，进而将抽象的思维过程具体化，最终实现审美创造能力的提升。本文结合具体教学案例，分析了情境教学在促进学生审美体验和实现思维可视化过程中的作用，并提出了相应的教学反思和改进建议。

一、情境教学与审美体验

情境教学是一种通过创设与教学内容相关的情境，激发学生情感参与和思维活动的教学策略。新课程标准强调，语文教学应注重情境性学习，帮助学生在真实或模拟的情境中体验文本的情感和思想，进而形成个性化的审美体验。本文发现"在情境中体验，在体验中走向思维的具体"是落实审美创造核心素养的策略之一。在阅读教学中，要使学生通过朗读达到有效的感悟，调动学生的情感参与至关重要。适当的情境教学必然会引起学生的情感体验，在体验的过程中，学生往往能通过联系生活获取直接经验，从而使思维具体化。这样就能帮助学生理解课文内容，促进其心理机能全面和谐发展，最终提高教学效率。

二、课例分享

新课程标准批判了传统课堂学习中"去情境化"的做法，转而强调情境性学习与情境性认知。部分教师常常在人工环境而非自然情境中教授学生那些从实际中抽象出来的一般性的知识和技能，而这些知识常常会被遗忘或只能保留在学习者头脑内部，一旦走出课堂，到实际需要时便很难回忆起来，这种将知识与行为分开的做法是错误的。知识总是要适应它所应用的环境、目的和任务的，因此，为了使学生更好地学习、保持和使用其所学的知识，就必须让学生在自然环境中学习或在情境中进行体验性学习，促进知与行的结合，最后在体验中走向思维的具体。

这是一节语文家常课，我在临下课五分钟时，没有按照原来的教学设计，而是创设了一个实践情境，让学生在情境中体验，又在体验中走向思维的具体，得到了意想不到的效果，学生真正领悟到本课的主题道理。

这节课的学习内容是《猴子捞月亮》，这是一个有趣的童话故事。我让学生在熟读课文后分角色表演朗读课文，他们有的扮演小猴子、有的扮演大猴子、老猴子，还有的扮演附近的猴子，一个有趣的童话故事就在他们的表演下变得更生动更形象，学生也在角色表演中感悟到如果遇事不动脑筋，盲目跟着去做，容易做出傻事、错事的道理。接着我又设计了一个情境，希望学生能将道理在问题情境中具体地表述出来："如果你是松鼠妈妈，看到猴子捞月亮的全过程，你会对他们说什么呢？"

学生甲："我会对大猴子说，你已经长大了，有文化了，为什么小猴子说月亮掉在井里了，你也相信呢？你应该先想想再去做，不能不动脑筋就跟着喊。"

学生乙："我也要对老猴子说，你是猴子中资格最老的，也是经验最丰富的，小猴子都听你的，如果你还是这样不开动脑筋做事情，你就变成老糊涂了。"

学生丙："小猴子认为月亮掉在井里了，可以原谅，因为它很小，说不定还没有上学呢！可其他的猴子都是大猴子，有的可能是小猴子的爸爸、爷爷，为什么都那么笨，也跟着喊月亮掉在井里了？你们下一次遇到事情一定要好好想想，不要再闹出笑话了！"

教师："听了松鼠妈妈说的话，你们都懂得了什么？"

学生丁："我知道了不要随便跟着别人做事情，一定要开动脑筋想清楚能不能去做。"

学生戊："如果不开动脑筋，总像跟尾狗一样跟着别人做事情，会闹出笑话的，还会犯错误呢！"

我发现了每一个学生都说得很好，好像都弄懂了这个道理，课上到这能结束了吗？前面的两个情境活动仅仅是课文情境，学生所懂得的道理能应用到生活中去吗？（因为说得简单，做得难啊）想个主意试试他们吧！我灵机一动，布置学生同桌相互复述课文，然后马上跑进办公室里拿了一杯刚盛好的清水，接着找班里的中队长出来说悄悄话。我让她一会儿在全班同学面前闻这杯水，随后要装出水很臭的样子。做好准备工作后我回到课室里，告诉同学们这杯水是昨天就盛好了的，可下班前我忘了喝，现在请大家帮我闻一闻，如果不臭，我就可以节约用水喝了。按照事先安排好的，中队长先上来闻，她表演得很精彩，闻了一下后就捂鼻子，皱眉头，直说臭死了、臭死了。"谁还闻？"每个学生都把小手举得高高的，我让他们排着队上来闻，前几个都是女同学，她们闻了后都回答说臭，而且表情极为丰富，刚刚扮演松鼠妈妈的学生乙还没走近杯子旁，就已经捂好鼻子，吐舌头，然后怪声地叫："臭死啦！"我看得哭笑不得。学生丁上来闻了闻，显得有点莫名其妙，我想她一定是什么也没闻到，她没有作答就走下讲台，可后面排队的同学都期待她的答案，便直问她臭不臭，她犹豫了片刻后说臭。我心想这学生刚刚说的道理哪去了？原来她之前是纸上谈兵啊！轮到第六个了，是个男学生，他闻了一下马上说不臭。这时同学们奇怪了，为什么他说不臭。可下一个女同学还是说臭。就这样一个接一个，全班都把这

杯水闻了一遍，30个学生说不臭，其中5个坚定表明什么也没闻到，没味道，我还清晰地记得仅有一个聪明的男孩从讲台上拿起杯子仔细闻了一遍，并且用手碰了杯子里的水后说："没味道，而且水还是热的！"最后我将真相公布了，大家都恍然大悟，一下子明白了老师的用意。那些说水是臭的同学一边埋怨老师和中队长串通起来骗他们，一边懊悔自己为何没有按事实去做，好好想想，就这样跟着别人乱说乱撞。

课后我自己非常兴奋，因为学生是真的弄明白了遇事不动脑筋，盲目跟着去做，容易做出傻事的道理，他们在实践情境中亲身经历了类似的事情，所谓吃一堑长一智，他们终生难忘，这肯定比他们说道理说得龙飞凤舞的要实在得多。这是新课程标准中又一个重要的理念，语文教育的课程理念是什么，其中一个就是语文的体验性与实践性，这一特点决定了这门课程应该从情境中体验，在体验中走向思维的具体，应该有意识地强调在生活中学习语文。思维的具体就是一种直接经验。而直接经验对他们来说又是永生难忘的。学生在课堂中不应只是被动接受教师预设的知识，而应在解决问题的探索过程中实现思维的具体化。这正是陶行知"做学教合一"理论的核心主张——学生要在做中学，通过实践行动完成自我建构，最终实现健康人格的养成。

我曾摘抄这么一段有关"体验性学习"的概念："体验性学习是以经验为基础，对经验的一种升华与超越。它是一种关注学生个体特征的学习方式。让每一个个体都亲历学习过程，引起个体心灵的震撼、内省、反思，激发对学习材料的独特领会，将个体独特的心理内容、体验的个性特征得到充分展现。它也是一种将新的学习材料与学生已有积累相联结的学习方式。它还是一种让学生享受生命快乐的学习方式。体验性学习让学生的心灵体验教材、走进生活，从而享受生命的充实。"这段话既告诉我们什么是体验性学习，也陈述了体验性学习的优越性。不难看出体验性学习重在学习过程中教与学的转化，突显了要让学生得之以"渔"。

反思：学习是一个发现的过程，也是体验的过程。而课堂是学生学习的主要场所，它将以问题为轴心，以学生为中心，在教师的引导下，学生通过自主读书获得对语言的认知、理解、体验和感悟；通过合作学习实现多向交流，不断丰富对知识的理解和感悟；通过探究学习增强获取新知与解决问题的能力，最终实现"文本教材"向"体验教材"的转化。

在《猴子捞月亮》一课的教学中，教师通过角色扮演和问题情境的创设，帮助学生深入体验文本内容。学生在扮演小猴子、大猴子和老猴子的过程中，不仅理解了故事情节，还通过角色体验感悟到"遇事不动脑筋，盲目跟从，会闹出笑话"的深刻道理。这种情境教学不仅调动了学生的情感参与，还通过体验性学习，帮助学生将抽象的思维过程具体化。

三、体验性学习与思维具体化

体验性学习是一种以学生个体经验为基础的学习方式，强调学生在亲身体验中获取直接经验，并将这些经验与已有知识相联结，形成新的认知结构。新课程标准指出，语文教学应注重学生的体验性学习，帮助学生在体验中形成个性化的审美表达。

在《猴子捞月亮》一课的教学中，教师通过创设"闻水"的情境，帮助学生将课堂中学到的道理应用到实际生活中。学生在闻水的过程中，经历了从盲目跟从到独立思考的转变，最终理解了"遇事要动脑筋"的道理。这种体验性学习不仅帮助学生将抽象的思维过程具体化，还通过亲身体验，形成了深刻的审美体验。

四、审美创造核心素养的培养

新课程标准提出的审美创造核心素养，要求学生在语文学习中不仅要理解和感悟文本，还要通过审美体验和创造性思维，形成个性化的审美表达。情境教学和体验性学习为培养学生的审美创造核心素养提供了有效的途径。在《猴子捞月亮》一课的教学中，学生通过角色扮演和参与问题情境，不仅理解了文本内容，还通过体验性学习，形成了个性化的审美表达。学生在闻水的过程中，经历了从盲目跟从到独立思考的转变，最终形成了独特的审美体验和创造性思维。

五、结论

"在情境中体验，在体验中走向思维的具体"是落实审美创造核心素养的重要策略之一。通过情境教学和体验性学习，学生能够在亲身体验中获取直接经验，进而将抽象的思维过程具体化，最终实现审美创造能力的提升。新课程标准提出的审美创造核心素养，为语文教学提供了新的方向和目标。教师应通过情境教学和体验性学习，帮助学生获得审美体验和思维可视化，最终提升审美创造能力。

沟通互动：阅读与鉴赏的有效策略

新课程标准强调了"阅读与鉴赏"作为语文实践活动的重要组成部分，要求学生在阅读过程中通过审美体验和创造性思维，形成个性化的审美表达。本文基于"沟通"这一核心理念，探讨了在阅读与鉴赏实践活动中，如何通过师生、生生、学生与文本之间的多维沟通，促进学生的深度阅读和审美体验。以统编版教材《刷子李》为例，本文分析了如何通过沟通策略，帮助学生理解文本内涵，提升阅读与鉴赏能力，最终促进语文核心素养的培养。

一、沟通在阅读与鉴赏中的重要性

1. 沟通是阅读与鉴赏的基本状态

教学从本质上说是一种"沟通"的活动。阅读与鉴赏不仅仅是学生对文本的单向理解，更是通过师生、生生之间的多维互动，形成对文本的深度解读。新课程标准强调，阅读教学应注重学生的主体性，尊重学生的个体阅读体验，让学生在沟通与合作中形成个性化的审美表达。

2. 沟通由教师学会倾听开始

教师在课堂中的角色决定着阅读教学的状态，无论教学如何改革，"讲授"仍然作为"有效教学"的一条有意义的教学方式显得卓尔不凡。好的"讲授"总是能吸引学生的注意，概念性的知识、方法的梳理、规律的总结都需要通过讲授来传达。但是无论"讲授"多么有效，教师若想有效地激发学生"投入"学习，则需要有效"提问"，并"倾听"学生的声音，即学生一旦开始主动学习，教师的责任就由讲授、提问转换为倾听。

倾听就是沟通的起点，沟通是从倾听开始的。善于倾听的教师总能将学生的"声音"转化为有效教学的资源。那么教师不再只是知识的传授者，而是学生学习的组织者、指导者，学生知识获得的点拨者，学习能力的培训者，学生交流的倾听者。教师所做的一切都是为了让学生通过自主、合作的学习活动，在听说读写实践中接触大量的语言材料，将其内化为自身语言积累，实现情有所感、理有所悟。学生基于原有认知结构，经过改造重组，进行积极的意义建构。学生的发言汇报不再仅面向教师，而是转向全体同学，教师给全体同学提出了聆听的要求，教师不再是唯一的评价者。教师组织学生进行评价交流，仅仅在环节过渡时，教师进行精准的总结；在学生"卡壳"时，教师进行引导、点拨。教师只有正确地扮演自己的角色，才能维持审美体验阅读中有效沟通的基本状态。

3. 沟通促进审美体验的生成

审美体验是阅读与鉴赏的核心目标之一。通过沟通，学生能够在与文本、教师、同学的互动中，形成对文本的独特理解和感悟。沟通不仅仅是语言的交流，更是情感的共鸣和思维的碰撞。在《刷子李》一课的教学中，教师通过创设沟通的平台，帮助学生在阅读过程中生成审美体验，进而提升阅读与鉴赏能力，为初中的学习奠定基础。

二、《刷子李》课例分析：沟通策略的应用

1. 教师角色的转变：从知识传授者到沟通组织者

在《刷子李》一课的教学实践中，教师的角色已从传统的知识传授者转变为沟通的组织者和引导者。教师通过精心设计的提问和倾听策略，激发学生的阅读兴趣，引导学生在阅读过程中与文本进行深度对话。《刷子李》这节课的重点教学目标是运用边读边想的读书方法体会刷子李的技艺高超。在教学过程中，教师构建了"沟通"的平台，设计了"沟通"的学习任务：让学生对描写刷子李技艺高超的细节句子提出疑问，并在解决问题的过程中深入理解刷子李的技艺。学生在教师布置的"沟通"任务驱动下，深入品读文本，标记关键词句，

聚焦于描写人物的句子进行质疑与解答，并在充足的时间与空间条件下进行学生之间、师生之间与文本的多维沟通。这种对话沟通是在一个自主、互动、和谐、合作的课堂教学氛围中进行的，因此学生没有拘束感，能够畅所欲言。

2. 培养学生与文本深度"沟通"，实现从表层理解到深层感悟的转变

自课程改革实施以来，语文教学领域取得了显著的进展，然而，随之而来的诸多问题亦不容忽视。例如，过度的资料补充与媒体演示导致课文被边缘化。有学者指出，语文教学正遭受"浮躁病"与"多动症"的困扰，在人文内涵上"深挖洞"。小学语文阅读教学的核心目的在于培养学生阅读能力，强调对文本语言的深入理解、积累与应用。学生是否取得进步或发展，是衡量教学效益的唯一标准。因此，教师应通过有效的"提问"策略，促进学生与文本的对话，教授学生与文本"沟通"的技巧与方法。

以《刷子李》为例，教师应明确学习要求，引导学生与文本进行深入的沟通（提供沟通的时间、教授沟通的方法）：

（1）默读课文，并勾画描述刷子李神情、动作的语句；

（2）针对重点词句提出问题，结合上下文或实际生活进行思考，尝试解答；

（3）有感情地朗读相关语句，结合个人理解与感受进行朗读，或在朗读过程中想象当时的情境。

与文本沟通的最直接且高效的方式即为"读"。崔峦教授指出："阅读教学应始终贯穿'读'的实践，包括朗读与默读（需保持一定速度），而非仅限于片段式的阅读或少数人的参与，而是要确保每个学生都能深入地阅读。""读"是审美体验阅读教学的核心策略，通过反复阅读文本，个体实现与文本的对话与自我建构。教师在课堂上的提问应减少并整合；文本阅读应增多，且应是有目的、有层次的。充分运用阅读策略，帮助学生实现对文本语言、内容描写的感知与感悟，通过反复练习，深入体会文本的思想情感。在课堂中，组织表演读、对比读、竞赛读、个性化朗读等多种形式，让学生通过阅读表达对课文的理解和个人的感知与感悟。特别是在个性化朗读环节，学生可以充分展现其个性，对同一句子进行不同的解读、品味。

3. 有效沟通的实现必须以倾听为前提

在口语交际课程中，对学生提出倾听的要求是常见的教学策略。然而，实际上，在语文教学的各个课型中，教师均应向学生强调倾听的重要性。倾听是

沟通得以开展的基础,是评价沟通效果的关键,也是思维碰撞和互动交流实现的前提。例如,在《刷子李》一课的教学过程中,教师就向学生提出了认真倾听同学发言的要求。在倾听的同时进行思考:

(1) 对于表达得当的发言,思考如何进行恰当的赞扬?

(2) 对于发言内容不完整的,思考如何进行补充和完善?

(3) 对于存在异议的观点,思考如何提出并阐述自己的见解?

4. 师生沟通:从单向传授到双向互动

师生沟通是阅读与鉴赏的关键环节。在《刷子李》一课的教学中,教师通过倾听学生的发言,及时给予反馈和引导,帮助学生深化对文本的理解。例如,当学生回答"刷子李的技艺高超体现在哪些细节中?"这一问题时,教师可以通过追问"这些细节是如何表现刷子李的技艺的?"引导学生进一步思考。通过师生之间的双向互动,学生能够在阅读过程中生成审美体验,提升阅读与鉴赏能力。

三、维持"沟通"是审美体验阅读教学的有效学习策略

以《刷子李》为例,《刷子李》的重点教学目标是学生能运用边读边想的方法体会描写主人公刷墙技艺高超。教师要根据这一教学目标,在审美体验阅读教学过程中,凭借课文的语言情境,为学生语文素养的发展提供机会。教师应组织指导学生进行语言实践活动,丰富学生关于语言的间接和直接经验,帮助学生进行积极的知识和能力建构。在审美体验阅读教学过程中采用以下几个策略:

1. 目标设定,以标设教

教学伊始,教师没有直接呈现本课的教学目标,而是让学生整体复习回顾课文的主要内容,并从刷子李刷墙这件事中,引导学生说说对刷子李的评价,要求学生能从课文中找出具体的语句作为评价人物的依据。学生要证明刷子李技艺高超、专注和精益求精的品格,就要从文本中找出相对应的语句。由此,本课的教学目标很自然地引起了学生的共鸣,学生为了证明自己对刷子李的评价正确就会积极地反复读课文,在细读文本中仔细找描写刷子李的语句进行学习。

2. 审美体验阅读教学过程问题化、思维化、评价化

当教师把教学目标转化为学生的学习目标后,教师让学生根据学习目标提出自己喜欢的学习方法,并与同学交流;另外,教师在学生自主学习前对他们所提出的零散的学习方法进行归纳总结。这时学生有了学习目标(问题情境)和适合自己的学习方法,教师必须确保学生有足够的学习时间和空间,组织指导学生通过个体自主学习、生生合作学习,动眼、动手、用耳、用脑,读、画、听、思、议、练,进行学习、感悟、交际、运用。学习环节再现四个板块:学习目标问题化、问题过程化、过程思维化、结果评价多元化。

3. 构建立体式的"沟通"网络,增强反馈调控的及时性、全面性和有效性

教师组织学生在课堂上进行集体沟通交流,在教师的指引点拨下,学生在实践交际中,在倾听与表达中,在互相评价中扎扎实实地进行词句段运用的语文基础知识学习和听说读写语文基本技能训练,进行语感的培养,得到语言的积累。小组请代表发言,教师提出聆听的要求,学生对发言者的发言进行补充、反驳、质疑、评价,在各自的观点的基础上来升华感悟、理解。这有助于把语用训练落实到课堂教学中,使阅读教学程序符合语言学习规律,有利于学生实现智能语言迁移形成。

所谓"教学",就是教师引起、维持或促进学生学习的所有行为。那么审美体验阅读教学就是希望教师维持"沟通"的学习型有效课堂的基本状态。教师在实践中欣喜地发现学生们的变化,他们喜欢语文课了,课堂上他们能说能演,能写能画,能辩能议,还在沟通与合作的学习中不断创造发现。学生们能做语言的小主人了!

四、结论

"沟通"是阅读与鉴赏实践活动的有效策略。通过师生、生生、学生与文本之间的多维沟通,学生能够在阅读过程中生成审美体验,提升阅读与鉴赏能力。新课程标准提出的"阅读与鉴赏"语文实践活动,为语文教学提供了新的方向和目标。教师应通过沟通策略,帮助学生在阅读过程中形成个性化的审美表达,最终促进语文核心素养的培养。

整本书阅读：构建学习共同体的策略

现行语文统编教材的导向为培养学生整本书阅读的习惯，同时各基层学校也积极响应，大力推荐整本书阅读活动。本部分将探讨如何通过构建"整本书阅读共同体"这一亲和的阅读关系，营造整本书阅读氛围的有效策略，以激发学生的阅读兴趣，培养学生阅读整本书的良好习惯，提升学生阅读品质。

一、整本书阅读共同体的核心概念

"阅读共同体"是基于"共同体"和"学习共同体"引申而来的，它是一个由读者及其助读者（包括教师、家长、同伴、阅读工具等）共同构成的团体，彼此之间经常在阅读过程中进行分享、沟通、交流，共同完成一定的阅读任务，从而在成员之间形成了一种亲和、有吸引力且相互影响的人际联系与阅读关系。

"整本书阅读共同体"是基于阅读共同体共读同一本书的理念提出的，是指由阅读这本书的所有参与者构成的群体，他们在共同完成阅读任务的过程中相互砥砺、相互帮助，从而建立一种相互学习、相互支持的亲密关系。这种亲密的阅读关系有利于学生确立自己的身份，与其他共读成员达成共识，确定"整本书"这一共同的关注点，并围绕这一主题一起全身心地投入阅读，在阅读共享中相互学习、相互成就。

二、构建整本书阅读共同体的研究思路

我以建构主义理论、学习共同体理论和分级阅读教学理论为依据，采用文献研究、问卷调查、案例研究、行动研究和经验总结的研究方法，依从"甄选小学生整本书阅读书目—构建整本书阅读共同体—研讨小学阶段整本书阅读分级目标和策略"的研究思路，对小学六个年级整本书阅读共同体的构建进行了实践研究。

需要说明的是，我在构建整本书阅读共同体体系时，将小学六个年级看作一个有序的整体，每一个年级看作一个阶段，按学生的学龄特点及心智水平发展规律，构建不同类型的整本书阅读共同体，同时对整本书阅读的分级目标和阅读策略有所侧重，酌情安排，逐年进行实践延伸。

三、构建整本书阅读共同体的多元体系

我为小学六个年级构建的逐步深化的阅读共同体体系，如下图所示。

（一）一年级：有声阅读共同体

有声阅读共同体是让音频工具（有声书）成为一年级学生整本书阅读的助读者。学生与音频工具（有声书）构成"有声阅读共同体"。学生一边听故事音频，一边阅读整本书，并用手指跟着播放速度指认，这既扫清了学生在听读时的生字障碍，又能激发学生阅读兴趣，提升阅读的有效性。

为防止"有声书"变成"懒人听书"，在共读第二本书时，教师应教给学生录制"有声书"的方法。先将共读图书的所有章节按班级人数进行分配，每个学生在"领"到朗读任务后，通过喜马拉雅App平台上"我的作品"这一路径，自己录制"有声书"。如此，这本书的内容音频就变成了班级学生共同完成的"巨作"。为了达到"声"临其境的目的，做到在朗读时不添字、不漏字和不断句、不破句，学生必须反复朗读某个章节，最终在有声朗读中培养语感，从而增加识字量。

（二）二年级：码书阅读共同体

大部分家长认为绘本是最贵的书，所以没有为学生购置很多绘本，导致教师在为学生推荐绘本阅读时，往往遇到绘本阅读书源少的问题。为此，每当班级增添了一本绘本后，我都会寻找电子书平台的线上资源，为其生成一个"二维码"，从而从根本上解决了书源不足的问题。码书阅读共同体是通过为每本绘本故事书生成专属二维码，将数字阅读资源与二年级学生关联形成的阅读群体。学生只需用平板电脑或手机扫码即可进行阅读。码书阅读共同体可使学生进一步发现绘本的魅力，进而形成强大的内驱力，促使他们捧起绘本进行重读、追读、寻读、摘读。为尊重知识产权，教师和家长制作的二维码仅供班级内部阅读使用，不予公开。

（三）三年级：相约周五共同体

相约周五共同体是将教师、学生、家长三个读书群体相约在周五晚上的班级阅读微信群，大家对同一本书进行共读分享。第一学期初由教师搭建好"相约周五"整本书阅读微信群，再安排好"整本书阅读开讲"主持人值班表，接着就是按计划实施。主持人可以是教师、家长，还可以是学生，主持人在微信群里用视频或音频进行分享。主持人先进行 15 分钟的章节介绍，分享个人阅读感受，然后抛出该章节值得商榷、思辨的问题，让群内共读者以发送语音的形式展开激烈的交流，最后组织共读者就故事发展、主人公命运、情节悬念等角度进行下一章节的预测。相约周五共同体活动于每周五 20 点 30 分在班级阅读微信群启动，进行 30 分钟线上共读，21 点整结束。

（四）四年级：导图阅读共同体

导图阅读共同体是受思维导图的启发，希望将整本书的目录变成一张可视化的"目录导读图"。在整本书阅读启动课时，教师指导学生运用提问的阅读策略画好目录导图的一级分支。学生根据目录中各章节的题目，学习围绕题目提出问题，可以指向人物，指向情节，指向起因……这些被学生提出的问题都是阅读的引路者，学生带着问题边阅读边思考。学生就目录进行提问，画出了导图中的一级分支，又根据阅读中找到的答案勾画二级分支，接着再追问再阅读，不断丰富三级、四级分支，最终个性化地完成了这本书的导读图。

画导读图是通过任务驱动学生进行整本书阅读的方式，画导读图的过程是学生在阅读中习得阅读能力的成长轨迹。让"导读图"和"四年级学生"一起构建"导图阅读共同体"，实现了阅读思维过程可视化，通过分享导读图，共读者相互启发，产生共鸣，学生自身实现有效阅读。

（五）五年级：共享阅读圈

共享阅读圈这一概念的提出是受"星耀阅读"App 搭建共读平台的启发。"互联网+"和"五年级学生"一起构建"共享阅读圈阅读共同体"。"共享阅读圈"搭建了共读社区，实现整本书共读的智能分享，实现评价促发展的目标，大大提高了整本书阅读的速度及有效性。

（六）六年级：读写阅读共同体

统编教材对六年级学生提出了"有目的地阅读"的要求，我希望以构建"读写阅读共同体"使"有目的地阅读"策略真正落地，训练学生在阅读前、阅读中、

阅读后自我监控的阅读能力。构建"读写阅读共同体"的目标：学生进行整本书阅读，走进整本书时是读者，从整本书走出去时是作者。"读写阅读共同体"的构建方法：

1. 互换读本，丰富阅读印记。首先，学生进行阅读批注，教师提出指向要求。接着学生互换读本，在互换的读本中思辨共读者的阅读批注，并在前者阅读批注的基础上继续加厚阅读留痕。这一方法实现无声的交流，共享阅读心得，碰撞阅读思考。

2. 整本书阅读漂流日记。以整本书阅读漂流日记为任务驱动，将传统每人写读书笔记的形式更改为按学号轮流写并聚焦在某个章节。通过漂流共享机制促使学生不敷衍、不应付，做到课外阅读减负提质。整本书漂流日记也促进学生有目的地阅读整本书，有目的地在整本书内容中的空白点、补白点、转折点、续写点、思考点和争议点进行创作延伸。

四、根据整本书阅读共同体体系，定分级目标与策略

年段	阅读方法	阅读策略	阅读素养	阅读品质
一年级	听读 指读 猜读 跳读	图像化	获取与理解	专心听读 有阅读兴趣
二年级	指读 猜读 小声读 默读	联结	获取与联结	专心阅读 积极阅读
三年级	默读 快读 边读边想象	预测	分析与整合	自主阅读 喜欢阅读
四年级	默读 快读 浏览	提问	分析与整合	阅读中学习 坚持阅读
五年级	浏览 摘读 检视 扫读	提高阅读速度	联结与推论	有思考地阅读 热爱阅读
六年级	浏览 摘读 检视 扫读	有目的地阅读	感悟与评价	有阅读自我监控力 养成阅读习惯

"整本书阅读共同体"有利于学生在亲和的阅读关系中找到"自我""真我",确立自己的身份感,有一种被阅读共同体推着自己读的带动感。师生共同沉浸在一本书的共读中,通过阅读、阐释、碰撞,编织共同的语言密码和精神密码,达到共读共成长的效果。共读拉近了师生、同伴、亲子之间的距离,通过构建共同价值、共同愿景,有效培养了学生良好的阅读品质。

"读一本好书,就是和许多高尚的人谈话。"这样一句铿锵有力的名言,把阅读整本书的内涵诠释得淋漓尽致。构建"整本书阅读共同体"能够成为推进小学生整本书阅读的有效支撑,希望小学语文教师以此撑开整本书阅读的大伞!

想象力培养:阅读与鉴赏的核心策略

阅读与鉴赏是培养学生核心素养的重要途径,而想象力则是学生深入理解文本、感受文学魅力的关键能力。通过阅读,学生不仅能够接触到丰富的语言表达和思想内涵,还能在文字的引导下展开联想,构建属于自己的精神世界。然而,想象力的培养并非一蹴而就,它需要教师在教学中有意识地设计实践活动,引导学生从文本中捕捉细节,结合生活经验与情感体验,展开创造性的思考。

一、课程标准依据与理论阐释

(一)课程标准依据

新课程标准明确提出,要激发学生的好奇心、想象力、求知欲,促进学生自主、合作、探究学习。在阅读方面,新课程标准强调了学生应通过诵读儿歌、儿童诗、古诗以及优秀诗文等,展开想象,获得情感体验,领悟诗文大意。同时,阅读富有想象力和表现力的儿童文学作品,欣赏富有童趣的语言与形象,也是培养学生想象力的重要途径。

（二）理论阐释

爱因斯坦曾言，想象力比知识更重要，因为知识是有限的，而想象力推动着进步，是知识进化的源泉。在小学阶段，学生的想象力伴随着身心和认知的发展而逐步发展起来，而语文作为一门想象空间很大的学科，自然承担着激发学生想象力的重任。

二、在阅读与鉴赏中培养想象力的策略

（一）引导学生积累背景知识，丰富表象

想象并非凭空而来，而是基于感知材料的新形象构建。在教学中，教师应引导学生积累背景知识，丰富表象，为想象力的培养奠定基础。

案例分析：《黄山奇石》

在学习统编版小学语文教材二年级上册《黄山奇石》时，教师可以通过以下方式利用背景知识丰富学生的表象：

介绍背景：在讲授课文前，教师可以先向学生介绍黄山的地理位置、历史文化背景以及黄山的自然风光，特别是黄山的奇石景观。通过讲述黄山的传说故事，展示黄山奇石的图片或视频资料，激发学生对黄山奇石的好奇心和探索欲。

观察实物：在课文学习过程中，教师可以结合课文内容，逐一介绍文中提到的奇石，如"仙桃石""猴子观海"等，引导学生观察图片或实物教具，感受奇石的形态、纹理等特点。同时，教师可以引导学生联系生活实际，思考自己是否见过类似的石头，或者是否听说过其他地方的奇石景观，鼓励学生分享自己的观察和感受。

开展活动：在巩固拓展环节，教师可以组织学生进行小组讨论或角色扮演等活动，让学生想象自己游览黄山看到的奇石景象，并尝试用生动的语言进行描述。通过这些活动，学生不仅能够加深对课文内容的理解，还能在积累背景知识和丰富表象的过程中，培养想象力和语言表达能力。

通过引导学生积累背景知识、观察实物教具、参与小组讨论、进行角色扮演等活动，可以有效地丰富学生的表象，为想象力的培养奠定基础。

（二）把握语言文字，品读词句，丰富想象

阅读理解和语言表达的过程同时也是学生想象力发展和丰富的过程。教师

应引导学生正确理解词语的意思，掌握描绘各种形象的词汇，储备丰富的想象材料。同时，关注课文中形象化的语言，如运用了比喻、拟人、夸张等修辞手法的语句，将语言文字图像化。

案例分析：《雷雨》

在学习《雷雨》一课时，教师可以通过以下方式引导学生品读词句，丰富想象：

感情朗读：教师可以引导学生通过有感情地朗读，体会课文中描绘的雷雨前、中、后的景象变化。通过反复朗读，学生可以在脑海中勾勒出雷雨的画面。例如，雷雨前的"乌云翻滚，黑云压城"，雷雨中的"狂风暴雨，雨似急箭"，雷雨后的"彩虹当空，七色彩虹"。

品读词句：教师可以引导学生品读课文中的好词佳句，理解词语的意思，并用这些词语描述自己想象中的画面。例如，教师可以引导学生理解"乌云翻滚"的意思，并让学生用这个词语描述自己见过的雷雨前的景象。

联想想象：教师可以引导学生通过联想和想象，丰富课文中的画面。例如，教师可以让学生想象雷雨中的狂风暴雨，并用自己的语言生动、形象地描述这个画面。通过这种方式，学生可以在品读词句的过程中，丰富自己的想象。

（三）利用篇章高潮和空白处，创设情境，引导学生合理补白

在阅读教学中，教师应适时引入触发学生想象的"诱导物"，点燃想象的火花。这些"诱导物"可以是来自上下文的线索、自然景色、场面，也可以是生动、形象或特殊的语言。特别是一些情节类的材料，教师可以补充图片、视频、音乐等资源，让学生有身临其境之感。通过合理补白、创设情境，丰富学生对作品中人物和事件的理解，促使其进一步发展想象力。

案例分析：《月是故乡明》

在学习《月是故乡明》一课时，教师可以通过以下方式创设情境，引导合理补白：

创设情境：教师可以通过播放与课文内容相关的视频或音乐，创设情境，引导学生进入课文描绘的情境中。例如，教师可以播放描绘月亮的视频，让学生感受月亮的美丽。

合理补白：教师可以引导学生通过合理补白，丰富课文中的画面。例如，教师可以让学生想象作者在异国他乡看到的月亮，并用自己的语言描述这个画面。通过这种方式，学生可以丰富自己的想象。

情感体验：教师可以引导学生通过迁移情感体验，体会作者的思乡之情。例如，教师可以让学生回忆自己在异地他乡的经历，体会作者的思乡之情，并用自己的语言表达这种情感。

（四）采用表演式教学，激发、提高学生想象力

表演式教学符合小学阶段学生的认知特点，能够让学生在寓读于演的过程中想象情境、场面以及人物的形象、肢体动作、表情状态、语言等。通过表演，学生可以更深入地理解文本内容，同时激发和提高想象力。

案例分析：《走月亮》

在学习《走月亮》一课时，教师可以通过以下方式采用表演式教学，激发提高学生的想象力：

角色扮演：教师可以组织学生进行角色扮演，让学生扮演课文中的角色，体验课文中的情境。例如，教师可以让学生扮演"我"和"阿妈"，在月光下散步，体验"走月亮"的情境。

情境表演：教师可以组织学生进行情境表演，让学生在表演中想象情境、场面以及人物的形象、肢体动作、表情状态、语言等。例如，教师可以让学生表演"月下溪边"的情境，想象溪水、卵石、小水塘等画面，并用自己的语言描述这些画面。

情感体验：教师可以引导学生通过迁移情感体验，体会课文中的情感。例如，教师可以让学生回忆自己在月光下散步的经历，体会"我"和"阿妈"在月光下散步的情感，并用自己的语言表达这种情感。

三、结论

在阅读与鉴赏的实践活动中培养学生的想象力是一项长期而艰巨的任务。教师需要依据新课程标准的要求，采取有效的教学策略，引导学生积累背景知识、把握语言文字、利用篇章高潮和空白处进行想象，以及采用表演式教学等方法，帮助他们在文字与画面、现实与虚构之间建立联系，从而提升对文学作品的感知力与鉴赏力，为他们的终身学习与全面发展奠定基础。

跨学科阅读："语美"融合的三驱动策略

随着《义务教育课程方案（2022年版）》和各学科课程标准的落地，以核心素养为导向的教学改革正在如火如荼地进行着。设立跨学科主题学习活动，用不少于10%的课时来设计跨学科主题学习，加强学科间相互关联，带动课程综合化实施，强化实践性要求，致力于推进育人方式和人才培养模式的变革。我以语文学科为核心，尝试在课程改革的路上，建构教学形式的改革理论，整合语文与艺术课程核心素养，融入美术学科知识，创新小学语文课堂教学形式，思辨出"语美"融合跨学科阅读教学策略，唤醒语文教师"课改一改课"跨学科教学课程研发意识，带动语文教师在"双减"背景下进行"语美"跨学科双师教学行动。

策略一：教学目标三要素驱动

教学策略是对完成特定教学目标而采取的教学活动程序、教学方法、教学形式和教学媒体等因素的总体考虑，是为达到某种教学目的而使用的手段和方法。只有先确定了正确的教学目标，才能选择有效的教学策略，因此我认为教学策略的第一驱动就是教学目标。小学语文与美术跨学科阅读教学的目标确立要满足"整合、具象、高阶"三要素。

1. 整合的教学目标。《义务教育课程方案（2022年版）》对学科知识内容强调了一个"大"字——从知识点教学走向大概念教学，立足知识统整，推进大单元、大主题教学，因此跨学科教学目标要做到整合，从学段目标、单元目标到课目标的有效整合。

2. 具象的教学目标。教学目标具象化是解决当下教学目标存在散乱现象的问题，具象化能实现从"教学目标"到"教学点"的聚焦和转变，"教什么"比"怎么教"更为重要，教师要学会以聚焦课后题、文本泡泡、语文要素来具象化教学目标，使教学目标围绕学生能"学到什么"进行具象化呈现。

3. 高阶的教学目标。语美跨学科阅读教学目标必须有"高阶"元素。《义务教育语文课程标准（2022年版）》提出发展语言的同时，要发展思维能力，激发想象力和创造力。小学生正处于培养想象力的黄金期,而发展学生的感知能力和形象思维能力,使学生形成创新意识也是美术课程的价值要求。语美跨学科阅读教学能够在一定程度上提高学生的阅读素养和创新思维,以语美跨学科阅读教学中"阅读内化－输出外化"的路径来落实教学目标的高阶元素。

策略二:以学生为中心的三关键

本论文的研究以统编版小学语文教材为载体,探索教材中插画的形象、色彩、构图等美术符号与文字语言的对应关系,寻找美学在文本中的表现,找准小学语文与美术学科融合教学的落脚点和学生进行跨学科学习的起点,以问题驱动、活动推进、创新运用学习方式的"三关键"实现以学生为中心的课堂。下面以《青蛙卖泥塘》为例:

1. 问题驱动。统编版小学语文教材二年级下册第七单元第二十一课《青蛙卖泥塘》是一篇童话故事。故事以结构相同的段式写青蛙前两次卖泥塘的具体情境,青蛙吆喝着卖泥塘的样子,再细描老牛、野鸭与青蛙对话,指出泥塘存在的问题,青蛙按要求改造泥塘。前两次卖泥塘写得比较具体,而且构段及句式相同,给学生提供了范式。故事从青蛙第三次卖泥塘开始,行文出现了变化,只罗列了小鸟、蝴蝶、小兔、小猴等动物角色,它们依次指出泥塘存在缺树、缺花、缺路、缺房等问题,并未描写青蛙如何改造,这给学生想象创编故事留下了空白。教师以"青蛙是如何对小鸟、蝴蝶、小兔、小猴提出的意见进行改造的?"问题驱动学生联系上下文和生活经验进行想象补白。

2. 活动推进。教材中本课有两幅插图。第一幅图对应泥塘改造前的内容:泥塘里水很少,周围光秃秃的,青蛙正在烂泥塘旁边竖起"卖泥塘"的牌子。第二幅图对应泥塘改造好的内容:泥塘里水灌满了,荷叶绽开了圆圆的笑脸;泥塘边草儿绿了,花儿开了,蝴蝶正在花丛中飞舞,青蛙咧开了嘴,似乎在欢快地歌唱。在童话故事和两幅插图的基础上,以"帮助青蛙美化池塘"为主题推进活动,帮助学生联系美术课学过的"民族娃娃"手工课程(二年级)。通过知识技能迁移,引导学生用绘画涂色、撕纸拼贴的制作方法,尝试制作泥塘中的花草、树木、房子、道路等美好的事物,甚至还可以让他们添加自己的想法,继续改造、美化池塘。

3. 创新运用。教师创设人与自然的真实情境，引导学生通过探寻青蛙实际居住的环境，帮助学生的思维从阅读体验延伸至生活实践，实现理解内化，感受到故事源于生活、知识的提炼与迁移。学生通过观看教师示范的作品，领悟了将复杂事物简单化、分类化的道理。看似繁复的改造泥塘作品，实际是分成几类进行组合的。学生寻找事物的图像规律，回顾美术学科的知识：任何事物都由不同形状组成，并可用点线面装饰、美化。同时，将知识运用到创意表达中，呈现立体作品。展示学生制作的"新泥塘"，通过生生评价引导学生的创新运用，进而肯定学生在"阅读内化-输出外化"创作运用方面的综合能力！

策略三：学习路径三方式

"少而精""实而活"是各门课程都应坚持的教学宗旨，目标确定立足于核心素养，并彰显教学目标以文化人的育人导向；内容选择体现语文学习任务群特点，进行整体规划；活动设计创设真实而富有意义的学习情境，凸显语文学习的实践性。因此，在"语美"跨学科阅读教学课堂中应以"体验、合作、探究"三方式的学习路径落实教学改革，构建实践型的育人方式。课堂中既有体验式学习，又有同伴交流，还有小组探究，"体验、合作、探究"是实践型的基调，不可再恢复单一、灌输、机械的传统模式，以赛促学，以评会学，以疑乐学，以探研学，以做实学。

"跨学科阅读教学策略的三驱动"模式通过目标定位、教学关系、学习路径三个方面解决当下课堂思维固化的问题，丰富兼具审美素养、思维品质、想象能力、创新精神的语文与美术跨学科阅读教学内涵，发挥启智增慧的作用，推动育人方式变革，坚持创新导向，着力培育学生的核心素养。

新课程标准背景下语文与美术融合教学策略

——以《海上日出》为例

新课程标准强调学科融合，注重培养学生的综合素养和创新能力。语文与美术作为两门基础学科，分别以文字和视觉形象为载体，培养学生对美的感知与表达能力。进行语文与美术融合教学，能够打破学科界限，丰富教学内容与形式，提升学生的学习兴趣和综合能力。《海上日出》作为统编版小学语文教材四年级下册的经典课文，以其生动的文字描绘了海上日出的壮丽景象，为语文与美术融合教学提供了良好的契机。

一、教学背景与目标

（一）教学背景

《海上日出》是巴金的经典散文，通过细腻的笔触描绘了晴朗天气、多云和天边有黑云时的日出景象，展现了自然的壮美与神奇。本课的教学设计围绕"了解课文按一定顺序写景物的方法""学习按游览的顺序写景物"等单元要素展开，旨在通过语文与美术的融合，帮助学生更好地理解课文内容，感受海上日出的变化之美，并培养学生的绘画能力和文字表达能力。

（二）教学目标

1. 语文目标

（1）借助日出图像帮助文字理解，体会日出过程中太阳的颜色、光亮、位置的变化，并归纳变化特点。

（2）学习巴金写景的两大法宝：变化顺序、修辞手法。

（3）品读修辞，感受海上日出变化之美。

2. 美术目标

（1）学习油画棒画景的方法，绘画海上日出的变化之美。

（2）对绘画作品进行评述，表达自己的感受。

二、教学过程分析

（一）情境导入

教学以"妙笔写美景，巧手绘奇观"主题插画展为情境导入，激发学生的学习兴趣。通过美术教师拍摄的日出图片，引导学生直观感受日出的壮观景象和光与色的变化之美，为后续的语文学习和美术创作奠定基础。

（二）读图找变化

学生通过观察图片，按日出顺序重新排列图片并贴到学习任务单上，总结出日出的三方面变化——位置、颜色和光亮。这一环节借助美术图片直观呈现，帮助学生初步感知日出的变化特点，为深入理解课文内容做好铺垫。

（三）体会变化，品读修辞

1. 语文学习

（1）学生快速浏览课文，归纳作者描写的海上日出的三方面变化（位置、颜色、光亮）。

（2）默读课文，圈画出表现日出位置、颜色、光亮的变化特点的词句，并通过交流汇报、朗读品析等方式感受海上日出变化的壮观美，了解按景物变化顺序以及用修辞手法两种写景方法。

（3）通过品读"负着重荷似的""努力上升""冲破""跳出"等词语，感受太阳上升时的缓慢、费力以及富有生机，体会拟人修辞手法的生动表达。

2. 美术辅助

美术教师根据学生汇报的内容，现场绘制日出过程的画面，将文字描述转化为直观的视觉形象，帮助学生更好地理解课文内容，同时为后续的绘画创作提供参考。

（四）绘景出变化

1. 美术学习

（1）赏析莫奈的《日出·印象》，了解印象派强调自然界光与色变化的特点，引导学生用油画棒绘画海上日出的变化之美。

（2）创作指导

学习油画棒的使用技巧和绘画步骤（铺大色、定位置、添细节），为学生进行绘画创作提供方法指导。

（3）绘画实践

学生小组合作，按组号找到对应画面，结合画面和文字感受，用油画棒将日出景象画出来。通过绘画实践，学生将文字想象转化为具体的绘画作品，进一步加深对海上日出变化之美的感受。

（4）评价交流

学生通过自评与他评的方式，表达创作感受，分享绘画作品的优点与不足。教师对学生作品进行点评，肯定学生的创作成果，同时指出需要改进的地方，引导学生在今后的绘画创作中更加注重颜色变化和细节处理。

（五）小结与拓展

教师总结本节课的学习内容，强调语文与美术的融合关系，即"文中有画，画中有文"。课后作业要求学生模仿巴金的写景方法，结合绘画时对颜色和光影的感受，扩写海上日出的过程，将绘画创作中的情感体验用文字表述出来，进一步巩固语文与美术融合的学习成果。

三、教学效果分析

（一）语文学习效果

1. 知识理解

学生通过读图找变化、品读修辞等环节，能够准确归纳海上日出的位置、颜色、光亮的变化特点，理解课文内容，掌握按景物变化顺序写景的方法以及拟人等修辞手法的运用，突破了教学重点、难点。

2. 能力提升

学生在朗读品析中，能够通过语速、语调的变化，读出太阳上升时的缓慢、费力以及富有生机，体现了对语言文字的感悟能力和朗读能力的提升。

课后作业要求学生扩写海上日出的过程，这不仅巩固了课文内容，还培养了学生的文字表达能力，使学生能够将绘画创作中的情感体验转化为生动的文字描述，提升了语文综合素养。

（二）美术学习效果

1. 知识技能

学生通过赏析《日出·印象》和学习油画棒的使用技巧，了解了印象派绘画的特点，掌握了油画棒绘画的基本方法和步骤，能够运用铺大色、定位置、添细节的方式创作出具有日出变化特点的绘画作品。

2. 审美与创造力

在绘画实践过程中，学生将文字想象与画面想象相结合，创作出富有个性的海上日出主题绘画作品，体现了学生审美感知能力与创造力的提升。在自评与他评的环节中，学生能够从颜色变化、光影效果、画面构图等方面对绘画作品进行评述，进一步提高了学生的审美能力和艺术鉴赏水平。

四、结论

在新课程标准背景下，语文与美术融合教学为学生提供了更加丰富多样的学习体验，有助于培养学生的综合素养和创新能力。以《海上日出》为例的融合教学实践表明，通过合理设计教学过程，充分利用语文与美术的学科优势，能够有效促进学生对知识的深度理解和综合运用能力的提升。然而，跨学科融合教学仍处于探索阶段，在教学实践中还存在一些不足之处，需要教师不断反思与改进。未来，教师应进一步加强学科之间的融合与创新，探索更加科学、有效的教学模式，为学生的全面发展创造更好的教育环境。

利用好教材中的插图，语美融合课实践策略
——以《狼牙山五壮士》为例

在当前教育背景下，跨学科学习成为培养学生综合素养的重要途径。《狼牙山五壮士》作为一篇经典的语文教材内容，同时又配以极具表现力的油画作品，为语文与美术的跨学科学习提供了丰富的素材。本部分通过语文与美术的融合，具体探讨如何利用教材中的插图，提升学生的阅读与鉴赏能力。

一、教学背景与目标

（一）教学背景

《狼牙山五壮士》是一篇反映抗日战争时期英雄事迹的经典课文，同时，詹建俊创作的同名油画作品也是中国现代美术史上的经典之作。这两者在内容上高度契合，为语文与美术的跨学科学习提供了得天独厚的条件。通过跨学科学习，学生不仅能够更好地理解课文内容，还能从艺术的角度感受作品所传达的精神内涵。

（二）教学目标

1. 通过语文课文与美术作品的结合，帮助学生理解文艺作品所表现的不屈抗战精神。

2. 激发学生对革命英雄的崇敬之情，培养爱国主义情感。

3. 体会文学与艺术作为情感和观念传递方式的独特魅力。

4. 学会从艺术表现手法的角度分析油画作品，理解其艺术特点。

5. 通过观察、讨论和对比分析，引导学生从多角度理解作品，提升综合分析能力。

6. 通过跨学科学习，培养学生的审美能力和阅读理解能力。

二、教学策略与实施

（一）教学策略

1．大概念引入

明确文学与艺术作为情感和观念传递方式的重要性，展示革命精神与丰富的精神世界。

2．基本问题设定

设定以下基本问题，引导学生进行深度思考：

（1）油画作品所展示的画面是否真实反映了抗战场景？

（2）画家从哪里获取灵感创作了这幅油画？

（3）画作如何通过艺术形式表现人物的性格和精神？

3．实操深化理解

通过观察油画、观看电影片段、提炼课文线索等方式，引导学生在实际操作中深化对作品的理解。

4．艺术手法分析

分析画面的色彩、线条与构图，引导学生领会画家如何通过艺术手法刻画人物性格与精神。

5．纪录片欣赏

观看油画纪录片，从多角度了解作品，补充个人见解，并记录心得。

（二）教学实施

1．抛真实问题

小问题1：请同学们仔细观察这幅油画，它展示的是真实的抗战场景吗？说说你的看法。

预设回答：

正方：我觉得它画的是真实的，因为细节很丰富，而且这个战斗故事是有真实记录的。

反方：我觉得它不是真实的，因为当时这个场景没有真实的照片，这幅油画只是根据报道画的而已。

小问题2：老师准备了相关的电影，请你们看完这个片段后，尝试分析油画是否真实。如果资料不够，还需要老师提供哪些有关画作的信息？

学生任务：分组讨论，从画家的角度，模仿画家获取绘画灵感，感受其获取灵感的途径和方法。

2. 探究画家的灵感来源

小问题1：让我们化身画家，面对一个故事你会从哪里获取绘画灵感呢？

学生回答：课文内容、新闻文字报道、纪录片、实地照片等。

探究活动：提取课文语句中与油画内容相呼应的线索。

示例语句：

副班长葛振林打一枪就大吼一声，好像细小的枪口喷不完他的满腔怒火。

五位壮士屹立在狼牙山顶峰，眺望着群众和部队主力远去的方向。他们回头望望还在向上爬的敌人，脸上露出胜利的喜悦。

学生任务：对比文字内容和观察图片细节，找到相似点。

3. 分析画家的心思

小问题1：为什么画家把群山和天空的颜色画得如此干净？

引导分析：观察画面的颜色，体会颜色搭配对比的作用。画家通过干净的天空和深色的群山，突出了战士们的英勇形象。

小问题2：远处群山起起伏伏的线条和五个战士组合起来的线条几乎吻合，画家藏了什么心思，表达了什么精神？

学生任务：尝试用笔在资料图中勾勒人物群像的外轮廓线条和远处山的轮廓，感受拟物的效果，体会战士们如山般坚定的抗战精神。

小问题3：对比《太行铁壁》《狼牙山五壮士》油画，两幅作品有何异曲同工之妙？

引导分析：通过对比，感受画家用"山体"笔触画人物所体现的匠心，并以此表达对战士们如山一般意志和钢铁般精神的致敬。

小问题4：画面最清晰的地方在哪里？为什么壮士们的大脚和山体的界限模糊？

引导分析：观察战士头顶洁白纯粹的天空与战士之间明显的深浅颜色对比，理解画家通过颜色对比所表达的崇高精神。

4. 欣赏纪录片，深化理解

观看油画纪录片，从不同人的视角了解《狼牙山五壮士》，并用文字记录自己的理解和想法。

5. 课堂总结与反思

根据学生反馈进行课堂总结，鼓励学生了解更多有故事的作品，体会文学与艺术表达的多元情感与观念。

三、学生参与过程

（一）观察与讨论

学生仔细观察油画，讨论其是否真实反映抗战场景，借助图片支撑观点。

（二）提炼线索

学生对比文字内容和观察图片细节，找到相似点，提炼画家的灵感来源。

（三）探究活动

学生分组讨论画家获取灵感的途径和方法，代入画家角色进行模仿。

（四）艺术欣赏

学生欣赏油画纪录片，通过不同视角了解作品，用文字记录理解和想法。

（五）总结与反思

学生参与课堂总结，分享学习心得，反思学习过程。

四、预期成效

本教学策略的实施，预期能够提升学生的审美能力，使学生更深入地欣赏和理解艺术作品；同时提高学生的阅读理解能力，帮助学生更好地把握文学作品的内涵。此外，跨学科学习方式有助于培养学生的综合素养，为学生的未来发展奠定基础。

五、结论

以《狼牙山五壮士》为例，探讨如何利用教材中的插图，通过语文与美术的跨学科学习，提升学生的阅读与鉴赏能力。通过实施本教学策略，有望取得显著成效，助力学生全面发展。

第三节　表达与交流：情境创设，自信交流

在语文教学中，表达与交流能力的培养是学生语言素养提升的核心环节。《义务教育语文课程标准（2022年版）》明确指出，语文课程应注重培养学生的表达与交流能力，强调学生在讨论交流中注意倾听、主动回应，并能根据需要准确使用语言进行表达。基于这一要求，阳光语文理念提出了系统的表达习惯培养策略，旨在通过真实的情境创设、扎实的语言基础训练以及多元化的评价方式，激发学生的表达欲望，提升其表达能力。

本节内容将围绕阳光语文理念下的表达与交流策略展开，结合具体教学案例，探讨如何在课堂中有效培养学生的表达习惯，帮助学生在真实的情境中学会倾听、思考与表达，最终实现文化自信、语言运用、思维能力、审美创造的核心素养的全面提升。

阳光语文理念下培养学生乐于表达、善于表达习惯的策略

《义务教育语文课程标准（2022年版）》（以下简称"新课程标准"）明确指出，语文课程应注重培养学生的表达与交流能力，强调学生在讨论交流中注意倾听、主动回应，乐于表达自己的想法，并能根据需要准确使用标点符号。在此背景下，阳光语文理念以其独特的教育视角，提出了更为具体和系统的表达习惯培养策略。

【理论阐释】

表达作为语文实践活动的核心环节，不仅涉及听说读写能力的全面运用，更是文化自信、语言运用、思维能力、审美创造四个方面核心素养的综合体现。阳光语文理念强调在真实、生动的语言运用情境中，激发学生的表达欲望，提升其表达能力。

一、建构真实的语言运用情境

培养学生乐于表达的习惯，关键在于创设贴近学生生活实际的语言运用情

境。教师应从学生的日常生活出发，将学习任务置于丰富多样的生活场景和社会实践中，使学生在真实的情境中体验表达的过程，满足其好奇心和求知欲。具体要求包括：

（一）贴近生活实际，创设表达情境。通过让学生置身于熟悉的日常生活场景中，这会使学生的表达内容更具实际意义。引导学生关注社会、亲历生活，表达和交流自己的发现和感受。

（二）使用多种媒介，丰富表达效果。教师应充分利用文字、图像、音频、视频等多种媒介，创设信息化的学习场景，激发学生的表达兴趣，增强表达效果。

（三）注重语言实践，强化育人功能。新课程标准在不同学段提出了具体的表达与交流要求，教师应在创设情境时注重导向性，通过多样化的语言实践活动，强化育人功能。

二、打下语言表达的扎实基础

培养学生善于表达的习惯，需要从课程总目标和学段要求出发，明确口头和书面表达的具体要求。教师应通过系统性的教学设计，为学生搭建高效优质的学习支架，夯实其语言表达基础。具体要求包括：

（一）多渠道阅读，有意识积累。通过引导学生利用不同媒介进行多渠道阅读，重视对各类文化作品的阅读，积累丰富的语言素材，培养良好的语感。

（二）进阶式推进，全方位实践。新课程标准为不同学段提出了循序渐进的表达学习要求，教师应指导学生在写话、习作等不同形式的表达实践中，逐步提升表达能力。

（三）多元化评价，个性化指导。教师应树立多元评价理念，采用灵活的评价手段，尊重学生个体差异，进行个性化指导，促进学生在表达实践中不断进步。

【案例一分析】

以《推荐一个好地方》教学片段为例，详细展示在阳光语文理念下培养学生表达习惯的具体实践过程。教师通过精心设计的习作情境和任务驱动，有效激发了学生的表达欲望，提升了其表达能力。

好情境·好实践：《推荐一个好地方》教学片段

师：同学们，国庆假期即将来临，来自外地的四年级同学张子琳想来咱们这儿逛逛。人生地不熟的她，可以去哪些地方呢？我们能不能为她推荐一个好地方？

生：我想推荐火车站旁边那个博物馆，出行很方便。

生：我想推荐我家所在的小村子，如果她愿意来，我给她免费当向导。

师：同学们刚才所说的地方有名胜古迹、地标建筑、村落小镇、特色小街……我们的家乡真美，让我们通过一段视频再来好好欣赏一番吧！

师：除了"什么地方？""这个地方在哪儿？"这些基本的问题，你们认为还应该怎样推荐？

生：应该把这个地方介绍清楚。

生：应该把推荐的理由写充分。

师：怎样才能写清楚呢？请结合书中单元习作页"推荐一个古镇"的例子，说说你的发现。

生："这个古镇很美……"告诉我们可以介绍古镇的风光景色。

生："在那里可以了解以前人们的生活……"告诉我们可以介绍古镇的风土人情。

生："这个古镇有很多好吃的……"告诉我们可以介绍古镇的美食小吃。

师：介绍一个好地方可以从不同的方面来写，一个方面一个方面地写，让人一看就明白，这就是"写清楚"。那什么是"写充分"呢？还记得我们在之前课文的学习中，边读边想象画面吗？

生：课文《观潮》中"再近些，只见白浪翻滚，形成一高高的水墙"，

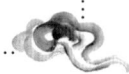

让我看到钱塘江大潮奔腾而来的气势。

生：读到课文《走月亮》中"秋虫唱着，夜鸟拍打着翅膀，鱼儿跃出水面，泼剌声里银光一闪"时，我仿佛看到调皮的小鱼，听到秋虫的歌声。

师：看来，这次习作我们不仅要把自己印象深刻的内容分几个方面写清楚，还要让人读了之后有身临其境的感觉，写出所见、所闻、所想，让人有画面感。这样就是"写充分"。

学生按写清楚、写充分的要求练习习作之后，教师组织"最受欢迎的好地方推荐会"，学生分享自己的推荐稿。

师：如果你就是外地同学张子琳，谁的推荐最吸引你，为什么呢？

学生交流讨论。

师：请根据刚才大家的建议修改自己的习作，争取介绍得更清楚，把理由写得更充分，把我们美丽的家乡推荐给更多的人。

【案例一评析】

一、习作情境贴近生活

教师以外地同学来访为背景，创设了贴近学生生活实际的习作情境。这一情境不仅使学生感到亲切和真实，还强化了习作的实用性功能，满足了学生进行人际沟通和社会交往的需求。

二、任务驱动深度学习

教师通过一系列循序渐进的问题设计，为学生提供了阶梯式的学习支架。每个问题都旨在解决一个具体的习作问题，引导学生在解决问题的过程中深入理解习作要求，学会如何进行有效表达。

三、习作评改贯穿始终

教师以交流为平台，聚焦"写清楚"和"写充分"的评价要点，通过举办"最受欢迎的好地方推荐会"等形式，促进学生的自评和互评。基于评价结果，教师引导学生修改习作，使评价的功能在课堂中得到了有效体现。

【案例二分析】

在统编版小学语文教材三年级下册的习作单元中，有一篇习作主题为"我的植物朋友"。这一主题旨在引导学生观察身边的植物，培养学生细致观察的能力和表达能力，同时激发学生对大自然的热爱之情。

《我的植物朋友》教学片段

师：同学们，春天到了，大自然变得五彩斑斓。我们身边有许多美丽的植物，它们有的在花园里，有的在校园里，还有的在我们的家里。今天，我们就来写一写自己的植物朋友，好不好？

生：好！

师：那我们先来说一说：你最喜欢的植物是什么？它长在哪里呢？

生：我最喜欢的是我家阳台上的那盆绿萝，它长在花盆里。

生：我喜欢学校的樱花树，它在操场边。

师：很好！那我们再想一想，我们要怎么介绍自己的植物朋友呢？就像我们刚刚学过的课文《荷花》一样，我们可以从它的样子、颜色、气味等方面来写。谁来说一说，你的植物朋友是什么样子的？

生：我家的绿萝有很多长长的藤蔓，叶子是绿色的，形状像一颗颗爱心。

生：学校的樱花树很高大，树干很粗，树枝上开满了粉色的樱花，像粉色的云朵。

师：说得真好！那我们再想一想，我们的植物朋友有什么特别的地方呢？比如，它有没有什么特别的气味，或者它在什么时候会有什么变化？

生：我家的绿萝有一种淡淡的香味，我每次写作业的时候都能闻到。

生：樱花树在春天的时候会开很多花，花瓣落下来的时候，就像下了一场粉色的雪。

师：同学们说得真棒！那现在，我们就来写一写自己的植物朋友吧！记得要从它的样子、颜色、气味等方面来写，还可以写一写你和它之间的故事。写完之后，我们来开一个"我的植物朋友分享会"，好不好？

生：好！

学生习作片段：

我家的绿萝是我的好朋友。它有很多长长的藤蔓，叶子是绿色的，形状像一颗颗爱心。绿萝有一种淡淡的香味，我每次写作业的时候都能闻到。有一次，我忘记给它浇水了，它的叶子有点蔫儿了。我赶紧给它浇了水，过了一段时间，它的叶子又变得绿油油的。绿萝不仅美丽，还很坚强呢！

【案例二评析】

一、习作情境贴近生活

教师以春天的自然景观变化为背景，创设了贴近学生生活实际的习作情境。这一情境不仅使学生感到亲切和真实，还强化了习作的实用性功能，满足了学生观察自然、表达感受的需求。

二、任务驱动深度学习

教师通过一系列循序渐进的问题设计，为学生提供了阶梯式的学习支架。每个问题都旨在解决一个具体的习作问题，引导学生在解决问题的过程中深入理解习作要求，学会如何进行有效表达。

三、习作评改贯穿始终

教师以交流为平台，聚焦"写清楚"和"写具体"的评价要点，通过举办"我的植物朋友分享会"等形式，促进学生的自评和互评。基于评价结果，教师引导学生修改习作，使评价的功能在课堂中得到了有效体现。

四、培养审美情趣

通过观察植物的外形、颜色、气味等，学生不仅学会了如何描写植物，还培养了对大自然的热爱之情，提升了审美能力。

"实践写作与人格塑造"——培养学生对写作的热忱

本部分旨在解决学生对写作存在恐惧心理的问题,将写作融入日常生活,让学生书写亲身体验后的感悟,进而进行文字表达训练,使实践作业的实施既自然又顺畅。每周安排一次连堂的写作课,第一节为活动实践,第二节为即兴写作,既实现了写作在课堂上完成的效果,又保证了每周篇章练习的进行。学生若能熟练撰写记叙活动的记叙文,便能触类旁通,写出"以事表人""以景抒情"的各类记叙文。陶行知先生强调开放性教育与学生实际生活的紧密结合,认为"行动是创造的源泉",提倡解放学生,激发其主动性、积极性和创造性。"做学教合一"的写作教学理念,应融合此观点,通过调动学生的多种感官参与活动、引导其从事感兴趣的事,最终落实在写作实践中。该教学模式从满足学生需求出发,着力满足其探索、获得新体验、获得认可与欣赏、承担责任等需求,通过创设多样化的情境体验,使学生在活动中形成健全的人格,最终实现"实践写作与人格塑造"的双重目标,即通过实践与写作,促进写作技能的提升和人格的发展。换言之,塑造人格是终极目标,实践是手段,写作是工具,通过实践与写作,发展智能和健全人格。

一、研究背景

"双减"政策自2022年9月1日起正式实施,旨在追求"轻负高质"的教育,减轻学生过重的学业负担,合理调控和设计作业结构。"双减"政策的实施提示学科教师,不仅要减轻学生负担,更要提高教育质量,形成教育特色。表达与交流的作业设计应依据教材内容,逐步深入,充分调动学生积极性,确保不同层次的学生都能获得知识和成长。

二、全学科的教学模式构建与实施

1. 构建全学科思维课堂教学"四转化"的模式

思维课堂教学"四转化"包括将教学内容转化为教学目标、将教学目标转化为教学问题、将教学问题转化为教学过程、将教学过程转化为过程评价。这四个转化实现了"教－学－评一体化"和"教－学－评一致化"。该模式在疏附县托克扎克镇中心小学的实践，体现跨学科的融合，促进素质化特色作业在全学科中的支持与渗透。作业设计是一种有效的评价手段，其通过评价促进教学和学习。教师们统一构建思维课堂教学"四转化"的教学模式，是实现"实践写作与人格塑造"目标，培养学生对写作热忱的前提保障。

2. 全学科实施"迁移运用"的表达与交流作业设计

知识是思维的载体，思维通过知识得以体现——课程知识的表层之下，隐藏着逻辑推理、批判质疑、联想创造等丰富的思维内涵。如果说知识是显性的明线，那么思维便是串联学科本质的隐性暗线。不同学科的教师在课堂教学中，不仅要传授显性知识，更应像"剥茧抽丝"般揭示学科知识中的思维暗流，让学生在掌握知识的同时习得思维方法。

教师在课堂教学中遵循的动机激发、认知冲突、自主构建、元认知、应用迁移五大原理，本质上是为思维能力培养搭建阶梯。其中，"应用迁移"原理是连接知识掌握与思维发展的关键桥梁——当学生能将某一学科的思维方法、探究策略迁移到新情境中解决问题，或在跨学科情境中实现思维方式的灵活转换，才算真正实现了知识向素养的转化。

在"表达与交流"作业设计中落实全学科迁移运用，需把握两个核心维度：

学科内迁移：如语文教学中，将议论文的"论点—论据—论证"思维模型迁移到科普文写作，或把古诗鉴赏中的"意象联想"策略应用于现代诗歌创编。

跨学科迁移：设计"学科融合表达任务"，例如结合美术的"色彩心理学"与语文的"情感表达"，创作图文并茂的情绪日记。

通过此类作业设计，学生不仅能在实践中深化对学科思维的理解，更能形成"思维迁移"的主动意识，如同在不同学科的思维河流上架起桥梁，让知识在流动中激发新的认知可能。

三、全学科项目案例：有趣的"报纸建筑"擂台赛

1. 单元作业名称：有趣的"报纸建筑"擂台赛

2. 有趣的"报纸建筑"擂台赛方案：

以四人小组为单位进行比赛，每组分配六张报纸，各组不得使用其他工具，

需在 15 分钟内用六张报纸构建成一个"建筑物"。比赛评判标准为：哪个小组的"建筑物"高度最高，且该"建筑物"能稳固站立一分钟不倒塌。

  3. 比赛奖项（全学科参与教学内容并评价设奖）

  聚焦语文——优秀作文（记录赛事的最佳作文五篇）

  聚焦数学——优秀评委（最准确的测量师）

  聚焦英语——优秀播报（用英语作简单的赛事播报）

  聚焦道德与法治——优秀小组（有活动有赛事就会遇到问题，根据商定解决的过程表现，评选团结合作小组，关联统编版小学道德与法治教材五年级上册中的"面对成长中的新的问题"进行生活化教育）

  聚焦科学——优秀实验（赛前实验操作进行观察评分，重过程性评价）

  聚焦体育与健康——最具体育精神个人（须具备体育精神，个人奖项）

  聚焦美术——优秀设计（针对纸建筑的平面设计图，进行审美评选）

  聚焦音乐——最具审美品质个人（细节决定成败，从选取要素入手，提升综合能力，个人奖项）

  聚焦书法——最佳书法题名个人（一个建筑物需有书法题名，个人书法作品遴选）

  聚焦劳动——最环保小组（旧报纸回收大比拼）

  聚焦心理健康——最优组员（赛前预热动员，赛后交流分享，个人奖项）

  聚焦综合实践——最优方案（小组中人人有角色，人人有任务，小组方案）

  聚焦信息技术——最优宣传（电子设计和拍照排版）

  4. 同一教学周全学科的设计内容

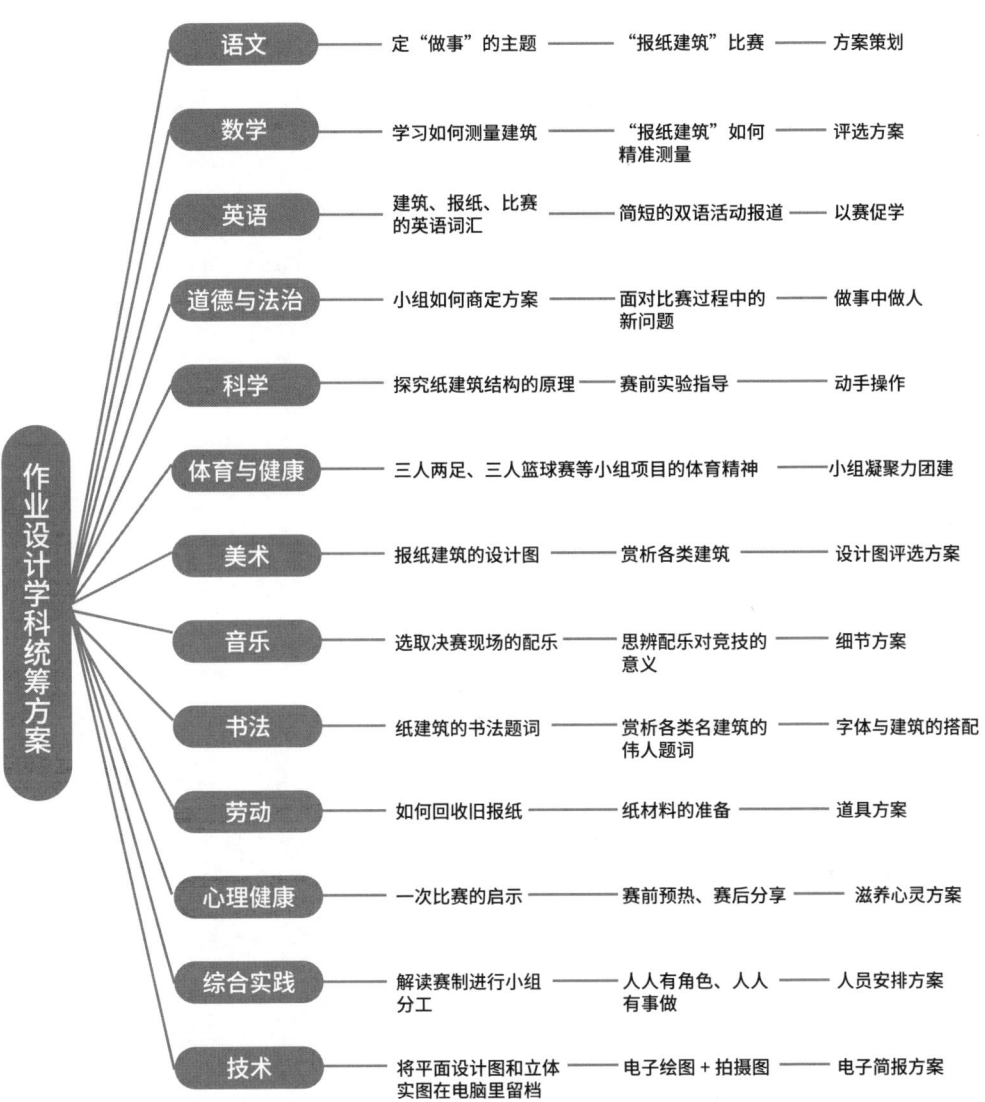

四、创新与发展

在本课题的研究与实践中,疏附县托克扎克镇中心小学教研团队深刻认识到,作文教学的真谛在于将写作与学生的生活实践紧密相连,让学生在实践中体验,在体验中写作,在写作中塑造健康人格。我与该校教研团队致力于贯彻陶行知先生的"做学教合一"教学理念,通过探究生活作文与情境作文,引导

学生从"要我写"转变为"我要写",让写作成为学生记录生活、抒发情感、表明见解的自然需求。

团队的创新之处在于,将作文教学融入学生的日常生活与真实情境中,通过设计丰富多彩的活动与任务,激发学生的写作欲望,让他们在做事中发现问题,在行动中解决问题,从而培养健康人格。同时,团队强调作文的真实性和价值性,鼓励学生写真人、讲真话、做真人,学会互相欣赏与中肯评价,在"作文"中提升境界,在"做人"中完善自我。

展望未来,团队将继续深化这一研究,不断创新与发展作文教学方法,让更多的学生爱上写作,享受写作带来的快乐与成就感。

在做事中作文,在作文中做人
——基于生活情境的作文教学实践研究

本研究基于陶行知先生提出的"做学教合一"理念,探讨了生活情境作文教学对学生写作能力和人格发展的影响。研究通过"扔鸡蛋"和"包汤圆"两个教学案例,分析了生活情境作文教学的实施策略和效果。研究结果表明,该教学方法能有效激发学生的写作兴趣,提高写作能力,同时促进学生的人格发展。文章还结合新课程标准,提出了生活情境作文教学的实施建议,为作文教学改革提供了新的思路。

一、理论基础

陶行知先生强调开放性的、与学生生活实际紧密结合的教育,认为"行是创之源",倡导解放学生,发挥人的主动性、积极性和创造性。基于"做学教合一"的作文教学,应融合这一观点,调动学生的各种感官,参与活动,做自己想做的事,在做事中作文。该教学模式从满足学生的需要出发,着力回应学生探索未知、获取新体验、获得认可与欣赏、承担责任等成长需要,通过创设多种情景,引导学生在体验活动中塑造健全人格,最终实现"在做事中作文,在做人中作文"

的双重目标——既达成作文技能提升，又促进人格健康发展。也就是说，做人是核心目的，做事是实践手段，作文是表达工具，通过做事与作文的有机统一，最终要达成培育智能健全、人格完善的教育目标。

二、问题提出

偶然在一个高中生的博客中看到："老师似乎只教会了我们如何把作文写得花团锦簇，却没有教会我们做人。同学们经常是写作文的时候一套——文字激昂、批判社会的不良和黑暗；做起事来是另一套——满嘴脏话，不讲公共道德，随意损坏公物、乱扔垃圾……这让我觉得非常痛心和失望，如果学习不能教会我们做人，如果一作文就言行不一，那我们受教育、写作文还有什么意义？"作为从事语文教学的工作者，我们是否应该反思自己的习作教学？作文是语文教学中公认的难题。许多学生怕作文，勉强写出来的文章"假大空"的居多。学生长期以来形成的是"要我写"，而不是"我要写"的观念。长期以来作文被认为是外加任务，总把作文当学问来教，脱离了人的本性，忽视了作文具有很强的人文性、生活性和实践性等特点。在深思后，我决定在习作教学中贯彻陶行知先生的"做学教合一"教学理念，尝试生活作文教学，尝试情境作文教学。学生的作文水平不是仅靠教师手把手的辛勤劳动就能提高的；写作是一种记录生活、抒发情感和表明见解的技能与手段，形成这种技能的基本学习方式是体验。所谓体验，就是学生在实践活动中，通过观察、练习等手段对情感、行为和事物等的内在体会，进而养成某些行为习惯，逐步形成某些情感、态度和观念，并获得表达这些情感、态度和观念的技能。

生活作文和情境作文的主旨就是"做人·作文"。那么，教师教学的第一步是让学生进入生活，进而激起学生记录生活、抒发感受的欲望。为了达到这一主旨，教师必须首先引导学生进入生活情境。

陶行知的"做学教合一"理念强调教育应与生活实践紧密结合，主张通过实践活动来促进学生的全面发展。这一理念与新课程标准中强调的"注重语文与生活的联系""培养学生的实践能力和创新精神"等要求高度契合。近年来，越来越多的研究者开始关注生活情境作文教学。研究表明，将作文教学与学生的生活经验相结合,不仅能提高学生的写作兴趣和能力,还能促进其人格发展。然而,如何有效设计生活情境作文教学活动,如何平衡写作技能培养与人格教育的关系,仍是需要进一步探讨的问题。

三、生活情境作文教学的实施策略

生活情境作文教学的实施需要遵循以下原则:首先,活动设计应贴近学生生活,能激发学生的兴趣和参与热情;其次,活动应具有一定的挑战性,能引发学生的思考和讨论;最后,活动应留有充分的写作空间,让学生能够自由表达。

在实施过程中,教师应注意以下几点:一是做好充分的准备工作,包括材料准备和安全考虑;二是在活动中适时引导,帮助学生观察和深入思考;三是营造宽松的写作氛围,鼓励学生真实表达。

四、案例故事——护蛋行动

今天我没有拿教科书就走进了课室。学生的桌面上摆着鸡蛋、衣服、水桶、纸盒等实验材料,他们并不知道自己即将上作文课,当然我也不打算告诉学生这是一堂作文课。带着亲切笑容的我给学生们的开头两句话就是:"准备好了吗?怎样才能让一个生鸡蛋从高处抛下而不破碎?"学生们异口同声地说:"准备好了。"从声音中我感受到了学生们兴致高涨,恨不得马上露一手。于是,各小组的学生开始为鸡蛋"穿战衣"了。一阵手忙脚乱后,各小组开始演绎最扣人心弦的一幕。

笑口组的伊布拉伊木同学拿着一个大鞋盒飞奔上讲台,然后自信地抛给我一句话:"徐老师,任你怎样'处置'它,我们组的鸡蛋一定完好无缺。"这时课室鸦雀无声,学生紧紧盯着我手上的大鞋盒。我不顾仪态地爬上讲台,"居高临下"地向下"摔"鞋盒。随着砰的一声,学生们蜂拥而上抢着打开那个被"摔疼"的鞋盒,掀开盒盖,里面居然还有一个保鲜盒,掀开保鲜盒盖,又发现了有多层碎布。就在最后的面纱马上揭开时,其他小组开始叫着起哄:"破!破!破!"伊布拉伊木同学捧着被碎布裹得紧紧的鸡蛋,小心翼翼地一层一层地翻开……"胜利了!成功了!你们看,我们组的鸡蛋一丝裂缝都没有。"伊布拉伊木同学雀跃着,笑口组的学生欢呼着。

"徐老师，该我们组演绎了！"飞天组的小胖提着满满一桶水吃力地走上讲台。"看，这是我们组的鸡蛋。你们看清楚了，它可是什么也没'穿'，但它一定会躲过粉身碎骨的命运。"小胖把一张椅子架在了讲台上，站得比我还高，看来他真的想挑战笑口组。此时全班屏息凝视，只见小胖高举着鸡蛋对准讲台旁的水桶，轻轻一放。"啊？！"女生们一边半捂着双眼一边大呼小叫。可惜鸡蛋掉落时碰到桶边，破了！"早知道我来扔，就知道小胖会笨手笨脚的。"飞天组唯唯不满地嚷着，"徐老师，再给我们一次机会，这水桶里的水不是一般的水，我们可是加了大量的食盐，它可是'死海'呀！它一定能将鸡蛋浮起来，让我们再试试，刚刚是一次意外。"其他小组也想见识一下这人工"死海"的威力，所以都同意让飞天组再来一次。"咚！"鸡蛋安全掉到了水桶里，由于冲击力过猛，鸡蛋还是往水里沉，可是很快又让盐水的浮力往上托，不到一会儿一个完好的鸡蛋就浮在大家眼前了。"太棒了！飞天组一飞冲天，成功了！"

九个小组都分别展示了各自实验的结果。兴奋过后，我总想让学生静下心来谈谈自己的所获。"实验结束了，能说说你们的收获或者感想吗？"小胖呼地站起来说："失败乃成功之母！做实验一定要不怕失败，要从反复尝试中吸取经验，这样就能成功。"小博士穆海麦提说："做实验最重要就是开动脑筋，鸡蛋是最脆弱的事物，要让它不破碎，就必须思考怎样让它减少阻力、冲撞力等，也就是要了解有关力学的知识。"阿依谢说："合作很重要，其实我根本没想到解决问题的方法，是小组的同学想到告诉我的，但实验的材料都是我准备的，所以我们组的实验成功了。"

学生们一边说，我一边微笑点头，学生们能在一个科学小实验中有真切的感悟，这是多么可贵呀！当然我还不满足他们所说的，一名教育者是非常渴望能"以小见大"的，我希望能通过这个小实验阐述一个深奥的人生哲理。所以在学生们源源不断地表达时，我仍在努力琢磨着。当班上最怯弱的学生拿着鸡蛋举起手来，我突然想到了："学生们，现在你们就像这容易破碎的鸡蛋，如果将来想在社会上占有一席之地，就必须从现在开始为自己储备各种保护层，知识、技能、心理的等等，保护层越多，将来的你就越会像一个铁蛋一样，任何磨难你都不怕。"怯弱的小碧发言了："徐老师，你说的和我想的一样，妈妈常说要我好好学习，将来翅膀硬了才能飞得更高。可我听不懂，但现在我明白了。我胆小是因为我所学的知识还不够，我怕事是因为我很多事情不会做，从今天起我要努力学习，多为集体做事，这样我一定能变成一个铁蛋的。"话音刚落，学生们不约而同地鼓掌，我搂着小碧，激动得说不出话来。"学生们，把这次实验的过程记录下来，好吗？""没问题，小儿科！""老师，这次我能写400字。"成功也好，失败也罢，53个学生都在热热闹闹、沸沸扬扬的实验过程中，在亲身体验中笑过，思考过，争论过，当他们提起笔来记录这一难忘的场面时将会是"一气呵成"的。

五、案例故事——包汤圆

"扔鸡蛋"的实验给学生们留下了深刻的印象，此习作他们也写得生动形象，实验过程具体生动，实验所获也表达得淋漓尽致。看来这样的做事作文的确能帮助学生提高写作的兴趣。于是我继续寻找生活作文的题材，寻找体验生活的情境。这次就来"学包汤圆"吧。

以小组为单位，每位学生都需要准备包汤圆的材料。有的带糯米粉，有的带芝麻馅儿，有的带碗筷，有的带电饭煲……经过多次主题活动，小组成员间合作得相当默契。我给学生示范了一遍后，课室立即炸开了锅。学生们像模像样地包起汤圆来，还不时传来哄笑声。是的，仅仅是汤圆的形状，想必就能写出几十种比喻句。46双小手一下子就包好了200多个汤圆，可是4个电饭锅却赶不上进度，泡在锅里的汤圆怎么也不"沸腾"，学生们居然舔起配汤圆的糖水来，看着他们那馋样儿，我也心急如焚，恨这电饭锅动力不足。"汤圆熟了！熟了！""徐老师，这是前进组包的汤圆，应该我们先吃！""这锅里也有我们智能组的汤圆呀！"我心想："天啊！我哪记得哪些汤圆是哪个组包的呀？这群学生像饿狼一样，怎么办才好？"……课室里出现了我难以预料的情形，连往日形影不离的耶合亚和艾散江都争起汤圆来，有的甚至哭着鼻子来说："徐老师，我只吃了一个汤圆，小胖却吃了5个，呜——呜——"好不容易平息下来了，课室却一片狼藉（报纸、倒洒的糖水、未包完的汤圆馅、一次性碗筷……），可这时学生们却懒洋洋的，眼看就要下课了，学生没有一点儿打算收拾的意念，都在为吃不够汤圆而生闷气。这时，我终于"爆发"了："从来没吃过汤圆吗？老师知道品尝自己的劳动成果是特别香甜的，但学会分享更是可贵。下节是数学课，我们马上把课室收拾干净，收拾最快的小组午饭时可奖赏10个汤圆。"

有了汤圆的诱惑，学生们迅速地忙乱起来，将课室打扫干净。回到办公室我不禁心里一酸："现在的学生不愁吃穿，为什么今天会出现抢吃汤圆的现象？孔融让梨的精神哪去了？！"不行，这作文不能就这么写了，他们也许能写好包汤圆的过程，也可以真实地记录抢汤圆的狼狈样儿，但他们还未懂得分享劳动成果的道理。趁热打铁，明天再包一次汤圆吧！

吸取了失败的经验，这次我先与学生分享举行这次"包汤圆"活动的目的："老师希望通过这次包汤圆活动，让每个同学学会包汤圆，并从此学会某些简单的烹饪技术，帮助爸爸妈妈做家务，并真切体会到自己的劳动果实最香甜。"这次我还将包汤圆的地点转移到了学校饭堂，请饭堂的叔叔阿姨为学生煮汤圆。一声令下，学生们风风火火地开始包汤圆了！今天包汤圆的速度更快了，30个、60个、90个、110个……不到10分钟才艺组的6个学生就包好了123个汤圆。没有露馅儿的，没有像小笼包的，没有四五层皮的，个个精巧好看。有饭堂的大蒸炉，汤圆一下子就熟了。"徐老师，你尝尝我们组的。""徐老师，这是花生馅儿的，很好吃！"看着学生相互请吃汤圆、相互推荐自己的汤圆、相互品尝并友善地提出意见时，我欣慰地笑了。"徐老师，图尔尼萨古丽哭了！""怎么了，这位同学？""不知道是谁在汤圆里拼命地撒胡椒粉，呛得我胃疼。""徐老师，是冲刺组捣蛋，他们带了一瓶胡椒粉，故意想捉弄同学。""徐老师，这是穆海麦提出的馊主意，他说想看同学们被呛得掉眼泪的丑样儿。"我听了，简直快要晕倒了。"怎么会有这样的恶作剧？"于是第二次包汤圆又不欢而散了。

当我拿到学生以"包汤圆"为主题的习作时，我的心踏实了。学生们并没有遮掩他们抢汤圆和撒胡椒粉现象，习作中并不是只表达美好的一幕，反而他们剖析自己的"恶习"更真切、更深刻。有学生这样写道：

闻着电饭锅里散发出来的阵阵香气，我口水直流。这时旁边的小胖将红糖水倒在碗里，甜腻的味道与那汤圆淡淡的糯米香味夹杂在一起，让我情不自禁咽了一下口水，含着空气假装咀嚼。这可是我有生以来感觉最饿的时候。我忍不住跑到了电饭锅前，掀开锅盖趁老师不注意一个"海底捞月"，捞起一个咕的一声吞下去了。真像《西游记》里猪八戒偷吃人参果一样。"徐老师，阿卜杜合力力偷吃汤圆！""学生，那锅里的还没熟啊！""真的吗？！这下惨了！"……课后我看到徐老师累得满头大汗的样子，心里挺难过的。其实最辛苦的就是老师，可全班居然没有一个同学请她吃汤圆，连我这个"马屁精"都只顾自己，没准儿今

天吃了没煮熟的汤圆回家拉肚子。徐老师，我这就像神笔马良一样画一盘香喷喷的汤圆请你吃。

六、教学案例分析

在"扔鸡蛋"实验中，学生通过亲身实践，不仅体验了科学探究的乐趣，还深刻理解了团队合作和坚持不懈的重要性。在写作过程中，学生能够生动描述实验过程，并自然流露出真实感受。在"包汤圆"活动中，学生经历了从混乱到有序的过程，体会到了劳动的价值和分享的快乐。在写作中，学生不仅记录了活动过程，还反思了自己的行为，表达了改进的决心。这两个案例表明，生活情境作文教学能有效激发学生的写作动机，提高写作能力，同时促进学生的人格发展。

人们常说"学作文要先学做人"，意思是只有做好人才能出好文章，这话似乎不差。基于"做学教合一"理念的生活情境作文教学首先要以满足学生需要，促进健康人格的发展为出发点。学生的需要，就是作文的需要，作文的需要也应该是做人的需要。满足学生探索、欣赏、成功、交往等需要，以人为本，以做事为手段，促进学生发展。其次，要注意"做事中作文"里的"事"，应该聚焦于自然和社会中的一切研究对象包括人和物。研究客观世界的"事"，在做事中发现问题，在行动中解决问题，通过实践交往等，培养健康人格。最后，强调"作文中做人"，强调作文的真实性和价值性。文如其人，写真人，讲真话，做真人，让学生学会互相欣赏，学会中肯评价。在"做人"中完善自我，在"作文"中提升境界。

生活情境作文教学是落实"做学教合一"理念的有效途径，它不仅能提高学生的写作能力，还能促进其人格发展。这种教学方法符合新课程标准的要求，体现了语文教育的人文性和实践性。未来，作文教学应更加注重与生活实践的结合，让学生在做事中学会作文，在作文中学会做人。同时，教师需要不断提高自身的专业素养，以更好地设计和实施生活情境作文教学活动，为学生的全面发展创造良好条件。

五年级上册第五单元"习作：介绍一种事物"教学设计

一、教材内容分析

本单元是习作单元，重点落实"运用恰当的说明方法介绍某一种事物"这一语文要素，并以此要素为抓手锻炼学生的表达能力。教材内容安排细致，指导详尽，层层推进，包括例文引路、习作内容和习作要求三个部分。

1. 例文引路。教材安排了两篇例文，分别是《鲸》和《风向袋的制作》。《鲸》是科普说明文，《风向袋的制作》介绍了风向袋制作的流程，条理清晰。

2. 习作内容。本次习作内容是介绍一种自己感兴趣的事物，前提是熟悉。为了使学生回忆起感兴趣并熟悉的一种事物，教材中提供了一张表格，表格中分类呈现了本次习作可选择的内容：动物、植物、物品、美食以及其他感兴趣的内容。

3. 习作要求。有了例文引路、内容建构之后，接着应考虑怎么写。教材中提供了习作注意点，写之前要对事物做到细致观察，搜集资料，想清楚按几个方面介绍。这指向了习作教学的统筹安排，要在教学本单元之时就布置习作任务，打有准备的仗。最后，思考事物的特点及运用恰当的说明方法分段介绍。

二、学情分析

1. 学生基础：五年级学生已经接触过说明性文章，但之前都是以单篇的形式出现的，本单元是小学阶段第一次系统、集中地聚焦说明性文章。

2. 生长点：落实习作要求是习作指导课的重点——抓住事物的特点、恰当的使用说明方法、分段介绍事物的不同方面。

三、教学目标

1. 选择熟悉并感兴趣的一种事物，完善思维导图，初步培养谋篇布局的能力。

2. 例文引路，结合本单元的语文要素，尝试运用恰当的说明方法将事物的特点介绍清楚。

3. 通过小组讨论、全班分享等方式，评价同学的写作片段，学习优点，提出缺点，合力落实本次习作要素。

四、教学准备

预习单、学习单。

五、学习过程

板块一：导图排序，谋篇布局

（一）拆词解义，明确目标。说出来，是为了让大家读明白。

（二）展示导图。在单元刚开始的时候，教师布置过搜集资料、创作思维导图的任务，大家都完成了吗？谁来分享？

（三）理清顺序，完善导图。

出示《太阳》《松鼠》气泡图：这么多的特点，先说哪个，再说哪个，才能让文章更有条理呢？这两篇文章，我们都很熟悉，分别按什么顺序写？为什么要这样排序？

出示不同类别事物的一般写作顺序：

动物：外形 + 生活习性。

植物：外形 + 生长环境 + 生长过程 + 作用。

物品：样子 + 制作过程（玩法）+ 用处。

美食：样子 + 做法 + 味道 + 食用价值。

在你的文章里，你打算怎么排序呢？请在导图上标序号。小组成员之间交换素材导图，就不清楚的地方，互相提问，完善导图。

（设计意图：在本课之前，学生已经完成了搜集资料、初步列提纲的任务。本环节，主要是引导学生有序地表达，合理谋篇布局，再通过同小组互相提问，再一次筛选、补充资料）

板块二：例文引路，梳理方法

（一）不同特点，不同方法。

鲸这种动物给你留下了什么印象？对照批注，看看作者用了什么方法把这个特点说明白的。

出示《太阳》《鲸》《风向袋的制作》各部分使用的说明方法导图：这三篇文章，在说明方法上对比，你发现了什么？

（二）同一方法，不同表达。

我国发现过一头近四十吨重的鲸，约十八米长，一条舌头就有十几头大肥猪那么重。（选自《鲸》）

剪下4根长约10厘米的塑料绳，在袋口边缘分别扎4个小洞。将4根塑料绳的一头分别穿过4个小洞，绑在铁丝圈上，另一头绑在一起，打一个结实的绳结。（选自《风向袋的制作》）

都是列数字，你发现了什么？

（三）这几篇文章，还给你的写作带来了哪些的启发？

（设计意图：引导学生自主阅读例文的片段，感悟不同说明方法的综合运用，同一说明方法的准确运用）

板块三：迁移方法，片段写作

（一）微课示范：典型文段分析。

（二）自主创作：抓住物品的一个特点，运用恰当的说明方法，尝试写一段话，把这件物品说明白。

（三）我是小老师：教师相机出示两篇例文的对应部分，对照点评。

（四）修改导图。

（五）展示导图。

（设计意图：微课示范，通过直观的点对点指导，确保每个学生都扎扎实实地掌握方法。本单元是习作单元，在之前已有两次小练笔的铺垫，此环节给学生充分的写作时间，在课内完成片段写作任务，以减轻习作负担。教师再利用发展性评价，根据学生的实际情况进行指导，引导学生按照评价标准，对比阅读习作例文，对典型习作进行评价。一方面能够让学生明确习作的修改方向，另一方面可以再次让学生感受说明性文章的写作特点，达到螺旋式上升的学习效果。最后回归导图，由点到面，引导学生在写作的过程中常关注提纲，避免一列完提纲就束之高阁的情况）

六、作业设计

对照导图，完成文章。

七、板书设计

介绍一种事物

说	明	文
搜集资料	恰当方法	有条理
抓住特点	列数字	准确清楚
	打比方 作比较 举例子 ……	

五年级下册第一单元口语交际《走进他们的童年岁月》教学设计

【教材解读】

《走进他们的童年岁月》是统编版小学语文教材五年级下册第一单元的口语交际。本次口语交际的设计意图有二：一是通过交际引导学生了解大人们童年生活的点滴，增进学生与大人的亲密度，同时让学生知道每一个人都有自己的童年往事，这些往事都是让自己心旷神怡的深刻的记忆；二是感受时代的变迁，体会口语交际对日常生活的意义，进而提高学生的口语表达能力。

教材对本次口语交际课程的要求、方法、步骤作出了明确的规定和提示，其中"认真倾听，交流时边听边记录"是重点，教师要给予恰当的指导：可以引导学生在提问之前先列一个提纲，把提问的对象和问题分条写下来；认真耐心地听别人讲话，一边听一边把重要的有价值的信息做好记录；还要提醒学生提问的时候要注意礼貌用语，不要随意打断别人。全班交际时要注意认真倾听，取长补短。

【学情分析】

五年级的学生已经有一定的学习积累、口语表达能力和交际能力。而且对于这个话题，学生们是很有好奇心、很感兴趣的，参与的热情会很高。但是要让学生有针对性地提出问题，并学会边听边记录，再根据整理的记录有条理地表达，这需要教师给予方法指导。

【教学目标】

1. 能根据需要向别人提出不同的问题。
2. 能认真倾听别人对自己提问的回答，交流时能边听边记录。
3. 能根据整理的记录有条理地表达。

【教学重难点】

1. 根据提问对象提出恰当的问题。
2. 学习采访的方法，学会认真倾听，适当追问，交流时边听边记录。

【教学策略】

1. 通过展示范例，明确怎样在采访时提问、应对和做记录。
2. 在对比了名人和长辈的童年岁月后，引导学生关注自己正在经历的童年岁月。

【教学过程】

板块一：复习导入，创设情境

一、复习回顾，导入课题

同学们，在第一单元的篇前页上有冰心老人说的这样一句话，让我们一起来读一读："每一个人都有他自己的童年往事，快乐也好，辛酸也好，对于他都是心动神移的最深刻的记忆。"所以第一单元，我们走进了不同名家对自己童年的回忆。能用一两个词（表达）概括一下他们身处童年时的感受吗？

今天咱们就来聊一聊"童年"这个话题，而且这次的话题特别适合在家里交流。它的题目就是：走进他们的童年岁月。

翻开课本第13页圈画出本次口语交际的内容和要求。

学生汇报。

教师小结，并归纳成本课的三个环节：学列问题清单，学倾听、记录和应对，学整理和表达。

二、谈话激趣，引发好奇

那么，你最想走进谁的童年生活？为什么想走进他的童年岁月呢？

要走进你想要了解的人，首先要学会提问。这次口语交际的要求里也有这么一条："针对不同的对象，列出问题清单。"那我们该从哪些角度入手去设计问题呢？老师准备了一些照片，让我们先来看看都有什么。通过课件演示呈现老照片，包含长辈们童年时期在衣、食、住、行、学、玩等各个生活领域的影像记录。

图片中一定有你们见也没见过、听也没听过的东西。看完图片，大家对哪些内容感到好奇？有想问的问题吗？

三、板块一设计意图与理论支撑

本板块设计旨在通过复习导入和创设情境的方式，引导学生积极参与口语交际活动，提高他们的表达与交流能力。根据新课程标准，"表达与交流"是语文教学的重要组成部分，它要求学生能够根据不同的对象和情境，运用口头或书面语言进行清晰、准确、连贯的表达，并能够有效倾听、理解和回应他人。

在本板块中，教师首先通过复习回顾第一单元的课文内容，引导学生概括名家童年时的感受，以此激发学生的共鸣，为后续的口语交际活动打下基础。接着，教师引出"走进他们的童年岁月"这一话题，鼓励学生主动思考并质疑，培养他们的审辩式思维能力。通过圈画口语交际的内容和要求，学生明确了本次活动的目标和方向。

为了激发学生的表达欲望和好奇心，教师设计了谈话激趣环节。通过提问学生最想走进谁的童年生活以及为什么，教师引导学生关注他人的童年经历，培养他们的同理心。同时，教师结合老照片展示长辈们童年的衣、食、住、行、学、玩等方面，以此激发学生的好奇心和探究欲。通过引导学生从多个角度入手设计问题，教师培养他们的问题意识和提问能力。

板块二：阅读范例，学习提问

一、结合要求，明确方法

你想要了解一个人的童年生活，得通过提出问题来进行了解。想让采访清晰明了，就要先列出恰当的问题清单。

比如书上给了我们几个问题的范例。我们先来读一读问题清单一。（教师带读）（这几个问题是从不同方面提出的）

课文还给我们列出了问题清单二，我们也来读一读。（教师带读）（围绕着一个话题，提出多个互相关联的问题，深入了解）

对比两个问题清单，你发现了什么？

一个是与采访对象童年生活有关的多个方面，另一个是针对一个问题进行深入了解。两种思路都是可以的。

所以，列清单的方法有哪些呢？我们一起来读一读课文泡泡。

二、出示案例，思考修改

在我们学习了第一课后，就有同学已经预习并把他的问题清单发给了老师，我们一起来看看，给这几位同学提提意见吧。

思考、评价一下这三份问题清单。

修改意见：语气要委婉，用词要恰当；注意提问的角度不要重复。

三、动手尝试，列出清单

根据习得，修改自己课前写的提问清单。

四、板块二设计意图与理论支撑

板块二教学设计的意图在于通过阅读和提问的实践活动，引导学生掌握如何通过提问来了解一个人的童年生活。通过阅读问题清单的范例，学生能够学习如何从不同方面和角度提出问题，从而更全面和深入地了解采访对象。同时，通过对比两个问题清单，学生能够理解不同的提问策略，包括广泛了解和深入挖掘两种方式。此外，通过出示案例并进行思考如何修改，学生能够学会如何评价问题清单和改进提问方式，使提问更加有效和得体。

理论支撑方面，板块二的设计基于建构主义学习理论，强调学生通过主动探索和实践来构建知识。同时，它也体现了交际语言教学法的理念，即通过在真实语境中的交流活动来提高语言运用能力。此外，通过反思和评价同学的问题清单，学生能够发展审辨式思维和合作学习的能力。

衔接板块一的内容，板块二继续深化学生对提问技巧的理解和应用。板块一已经介绍了提问的重要性以及如何构建开放式问题，而板块二则在此基础上，通过具体案例和实践，让学生将理论知识转化为实际操作技能，进一步提升他们的采访和沟通能力。

板块三：聚焦难点，学习应对

一、方法引路，突破难点

相信同学们看着自己手上的这份问题清单，一定迫不及待地想去采访了。已经有一位同学对自己的妈妈进行了采访，让我们先来听听他的采访效果吧！录音内容：

孩：妈妈，你能给我讲一下你小时候的生活吗？

妈：可以啊。妈妈小时候的生活不像现在这么方便，上学都是走着去的。

孩：要走多久呢？

妈：至少要半小时吧。那时都是土路，特别不好走。

孩：那还真是挺可怜的。

妈：也还好吧，因为路上有很多有趣的事。有一次……

孩：路上有小卖部吗？能买好吃的吗？

妈：傻学生，有小卖部，也能买到好吃的。

孩：你小时候喜欢吃什么啊？

妈：很多啊。比如爆米花。我和同学总带着米去一个老爷爷那儿……

孩：哦哦，我在电视上见过，爆的声音可大了。

妈：是的。

孩：那行，我知道了。谢谢妈妈！

对于他的采访经过，相互讨论，你觉得有什么优点，想给出什么建议吗？

我们该如何采访呢？（有礼貌、可追问、不打断……）

二、观看视频，欣赏范例

同学们，老师特别喜欢一位作家，他就是曾经获得"国际安徒生奖"

的儿童文学作家——曹文轩。他的代表作《草房子》，讲的就是关于童年、关于成长的故事。

你们想不想了解他的童年故事？老师找到了两位知名央视主持人采访他的视频。两段对话的风格有什么不同？边看边思考，然后告诉老师。

学生先观看《开讲啦》中撒贝宁采访曹文轩的片段，再观看《朗读者》中董卿采访他的片段。

学生观看完录像后思考。（根据话题内容调整互动的方式。学习如何追问）

三、学会记录，扫清障碍

在采访的过程中，我们还要做好记录。

展示两份采访记录，学习点列式记录和文段式记录两种方法。

要是我们想采访的人并不在身边，无法面对面交流，该如何解决呢？（信息时代，我们可以通过打电话、视频通话等新的通信手段，完成自己的采访心愿）

四、板块三设计意图与理论支撑

板块三旨在通过实际案例分析和视频范例欣赏，引导学生掌握采访的关键技巧，同时学会在采访中有效记录信息。首先，通过一段真实的采访录音，让学生直观感受采访的氛围，并引导学生分析其中的优点与不足，提炼出采访的基本原则，如有礼貌、可追问、不打断等。其次，通过观看两位知名主持人采访同一嘉宾的视频，让学生对比不同采访风格，理解如何根据话题内容调整互动方式，进一步提升采访技巧。最后，教授学生采访时的记录方法，并探讨在无法面对面交流的情况下，如何利用现代通信手段完成采访，以扫清采访过程中的障碍。

板块三的理论支撑如下：

1. 建构主义学习理论：该理论认为，学习是一个主动建构知识的过程，学习者通过与环境互动，不断建构自己的知识体系。板块三通过提供真实的采访案例和视频范例，为学生创造一个丰富的学习环境，使学生在分析、讨论和实践中主动建构采访技巧的知识体系。

2. 认知负荷理论：该理论强调，在工作记忆中处理的信息量是有限的，过多的信息会增加认知负荷，影响学习效果。板块三通过分段呈现采访录音和视频，以及逐步引导学生分析和讨论，确保学生在每个阶段都能有效处理信息，避免认知超负荷。

3. 合作学习理论：该理论认为，学生在小组或团队中通过讨论、协作和互助，可以促进彼此的学习。板块三中的讨论环节，鼓励学生相互分享观点和建议，形成合作学习的氛围，共同提升采访技巧。

4. 信息技术整合教学理论：该理论主张将信息技术融入教学过程中，以提高教学效果。板块三通过引入现代通信手段作为面对面采访的替代方案，体现了信息技术在教学中的应用，使学生能够利用先进技术完成采访任务，提升信息素养。

板块四：布置作业，网上分享

一、课堂总结

刚才我们学习了如何在采访前列清单，如何在采访时提问互动和做记录。希望同学们在采访时能用上学会的方法。让我们找到感兴趣的人，提出感兴趣的问题，加深对家人、朋友的了解。这可是一个增进感情的好机会哦！

二、布置作业

请根据今天所学，走进你想要了解的长辈的童年岁月。然后把采访记录整理好，通过语音在班群里分享你了解到的情况，把一份快乐变成全班的快乐。除了复述，如果还能说说自己的感受，就更好了。

【板书设计】

走进他们的童年岁月

列问题清单	听记和应对	整理和表达
有重点	有礼貌	齐分享
	可追问	

第四节　梳理与探究：整合教学，创新思维

"梳理与探究"作为一种创新教学形态，突破了传统知识传授的局限，专注于梳理方法、探究策略的教授，成为落实新课程标准理念的关键路径。我们要以新课程标准中的学段要求和教学实施建议为指导，优化"梳理与探究"实践活动。

单元教学意识下的梳理与探究以及单元整合教学，是提升教学质量的有力武器。它们通过整体规划教学内容、挖掘知识内在联系、精准把握学情、整合多元资源和强化评价反馈，重塑了教学流程，让教学更具系统性、针对性与高效性。

让我们深入研读相关教学案例，详细剖析这些策略的实施细节，从中汲取智慧，为日常教学提供切实可行的指导，共同探索语文教学的新高度。

单元教学意识下的梳理与探究教学策略
——以"走进中国古典名著"为例

新课程标准强调课程的综合性和整体性，倡导教师从传统的"教教材"向"用教材教"转变，注重学生核心素养的培养和知识体系的构建。单元教学作为一种重要的教学模式，能够帮助教师更好地落实新课程标准的要求，提升教学效率和质量。单元教学意识是指教师在备课和教学过程中，对单元整体结构、目标和内容进行系统把握、整合认知与设计，所体现的思维自觉性。以统编版小学语文教材五年级下册第二单元"走进中国古典名著"为例，探讨单元教学意识在小学语文教学中的重要性及其实施策略。

一、单元教学意识的内涵与重要性
（一）单元教学意识的内涵

单元教学意识是指教师在备课和教学过程中对单元整体结构、目标和内容进行系统把握、整合认知与设计，所体现的思维自觉性。教师需要从整体出发，理解单元内的知识体系和逻辑关系，明确单元目标，并在此基础上设计教学活动。例如，在五年级下册第二单元中，教师需要通过分析单元导语和课文内容，明确单元的人文主题和语文要素，并设计以"走进中国古典名著"为核心的教学活动。

（二）单元教学意识的重要性

1. 有利于整体规划教学内容

单元教学意识能够帮助教师从整体上把握单元内容，明确各部分之间的关系，避免孤立地处理每篇课文。例如，在"走进中国古典名著"单元中，教师需要基于单元教学意识将《草船借箭》《景阳冈》《猴王出世》和《红楼春趣》整合在一起，形成一个有机的整体。

2. 有利于优化教学设计

单元教学意识能够帮助教师优化教学设计，减少不必要的教学环节，提高教学效率。例如，通过分析单元内的课文和课后练习，教师可以确定本单元教学的重点和难点，并设计有针对性的教学活动。

3. 有利于提升学生的学习效果

单元教学意识能够帮助学生更好地理解知识之间的内在联系，形成系统的知识结构。例如，通过单元整合教学，学生能够更好地掌握单元内共通的语文要素，提升阅读和写作能力。

二、五年级下册第二单元教学目标与内容

（一）单元内容分析

五年级下册第二单元以"走进中国古典名著"为主题，编排了四篇课文：《草船借箭》《景阳冈》《猴王出世》和《红楼春趣》。这些课文由易到难，由根据名著改写的现代文到原著节选，该单元旨在带领学生初步学习阅读古典名著的方法，激发对中国古典名著的阅读兴趣。

（二）教学目标

基础知识：熟读词句，巩固基础知识，包括字词的读音、写法和用法。

阅读能力：对每篇课文的主要内容进行回顾梳理，归纳方法，学会运用。

核心素养：初步学习阅读古典名著的方法，激发阅读古典名著的兴趣，培养学生的文化自信。

（三）教学内容

课文内容：在课文教学中，教师将引导学生通过思维导图等方法提炼主要内容；分析人物描写手法，讨论性格特征及在故事中的作用，分析人物对主题的意义；梳理情节结构，探究情节如何服务主题表达。

语文要素：学习概括主要内容的方法，如"起因—经过—结果""围绕主人

公经历""划分部分，提炼小标题"等。

拓展阅读：通过拓展阅读，如《智取生辰纲》《鲁智深倒拔垂杨柳》，进一步巩固阅读方法。

三、单元教学意识下的梳理与探究教学策略

（一）整体规划

教师需从单元整体出发，通过分析单元导语与课文内容，明确人文主题与语文要素的统整方向。以"走进中国古典名著"单元为例，核心目标定位为"初步掌握古典名著阅读方法，激发阅读兴趣"。在此框架下设计递进式教学活动：

情境导入：通过展示课本剧照片、播放经典名著片段，激活学生对古典文学的亲近感，营造沉浸式学习氛围。

方法建模：在《草船借箭》教学中，引导学生用"起因—经过—结果"梳理事件逻辑，形成清晰的叙事分析框架。

拓展迁移：选取《智取生辰纲》等课外片段，要求学生运用课堂所学方法梳理内容，强化策略应用能力。

通过目标引领下的序列化设计，使单篇教学成为单元能力建构的有机环节，避免碎片化知识堆砌。

（二）关联思维

聚焦单元课文的共性与差异，通过比较分析建立知识联结。例如，对比《草船借箭》与《景阳冈》的课后要求：前者侧重按事件发展顺序复述，后者强调围绕主人公行动链梳理内容。教师可引导学生发现二者均遵循"线性叙事"规律，但前者以事件为核心，后者以人物行为为线索。在此基础上归纳普适性阅读策略。

求同归纳：提炼"梳理主要内容需抓住核心线索"的通用方法，适用于各类叙事性文本。

辨异分析：明确不同文本的梳理重点——事件类文本关注因果逻辑，人物类文本聚焦行为轨迹。

迁移应用：让学生用所学策略分析《猴王出世》中石猴的成长脉络，体会方法的灵活性与适应性。

通过关联思维，学生能跳出单篇局限，形成对"古典名著叙事特点"的整体认知。

（三）分析学情

基于对学生阅读古典名著时"语言理解障碍""情节梳理困难"等问题的调研，

提供分层支持。

语言解码层面：针对文言词汇理解难点，总结"结合语境推测、联系生活经验、借助注释辅助"等猜读策略，帮助学生突破文字壁垒。如在《景阳冈》中，通过"筛酒"（倒酒）、"大虫"（老虎）等词的古今对照，降低语言陌生感。

结构梳理层面：为情节复杂的文本设计可视化工具，如《草船借箭》的"事件流程图"、《红楼春趣》的"人物关系图"，引导学生用线条、符号标注关键信息，化繁为简。

兴趣维持层面：利用课本剧表演、角色速答等互动形式，将抽象的人物形象转化为具象的体验，让学生在参与中感受古典文学的魅力。

教学中始终以学生的实际需求为出发点，确保策略落地精准有效。

（四）资源整合

打破教材与课外的界限，构建"精读课文—拓展阅读—文化延伸"的资源体系。

教材深度整合：横向关联单元内课文，如将《草船借箭》的"智谋"主题与《猴王出世》的"勇气"主题对比，引导学生发现古典名著中"人物特质"的多元呈现；纵向衔接"快乐读书吧"推荐书目，在《猴王出世》课后推荐《西游记》相关章节，形成阅读链。

跨媒介资源融合：引入影视改编片段（如 87 版《红楼梦》放风筝场景）、经典有声书等，对比不同媒介对文本的演绎，拓宽解读视角。

生活经验联结：设计"名著人物现代生活"创意写作任务，如"如果武松担任社区安全员"，让古典形象与现实生活产生共鸣，增强学习趣味性。

通过多维度资源整合，为学生提供丰富的认知路径，深化对古典名著的理解。

四、结论

单元教学意识是新课程标准背景下的一种重要教学理念，能够帮助教师更好地落实新课程标准的要求，提升教学效率和学生的学习效果。教师在备课过程中需要具备单元教学意识，从整体出发，明确单元目标，整合教学内容，优化教学设计。以五年级下册"走进中国古典名著"单元为例，本部分提出了单元教学意识下的梳理与探究教学策略，包括整体规划、关联思维、分析学情、资源整合等内容。这些策略能够为小学语文教师提供可操作的教学设计框架，帮助教师更好地实施单元教学，提升教学效果。

五年级下册第二单元《走进中国古典名著》梳理学习

【教材内容分析】

本单元以"走进中国古典名著"为主题，编排了四篇课文，分别是《草船借箭》《景阳冈》《猴王出世》《红楼春趣》，编排顺序由易到难，由根据名著改写的现代文到原著节选，意在带领学生走进中国古典名著，初步学习阅读古典名著的方法，产生阅读古典名著的兴趣。

【学情分析】

1. 学生基础：在防疫期间，学生居家自主学习。虽网课后无法检测学生课上学习的效果，但五年级学生的阅读习惯基本形成，平日他们对中国古典名著有一定的了解，本单元所编排的四篇课文都是他们比较熟悉的。故事选入教材时，尽管进行了删改，可篇幅还是较长，这给学生把握信息、梳理内容带来了难度，从而难以感受到中国古典名著的魅力所在。

2. 生长点：选入教材的中国古典名著是古代白话文小说，其人物繁多，情节复杂，时代较为久远。如果没有比较恰当的入手方法，即使开卷阅读，也会半途而止，不能通览。而对文章内容进行梳理，是阅读名著的前提和基本方法之一。在此基础上，运用所掌握的阅读方法，便相当于给学生提供了较清晰的路径去阅读古典名著，减轻其畏难情绪，学生在与单篇文章的接触中产生浓厚的阅读整本书的兴趣。

【教学目标】

1. 熟读词句，巩固基础知识。
2. 对每篇课文的主要内容进行回顾梳理，归纳方法、学会运用。

【教学准备】

学习单、教学课件、阳光评价练习册。

【学习过程】

板块一：勾连名著内容，激发读典兴趣

1. 出示课本剧照片，猜一猜

师：同学们，这堂课老师首先给大家展示一张照片——这是课本剧在"六一"大舞台上演时拍摄的剧照，大家能看出照片中演的是什么故事吗？

预设1：学生看出了"羽毛扇"这一明显的角色道具，知道是诸葛亮，结合单元学习猜出是《草船借箭》。

预设2：第一张照片猜不出来，继续看第二张照片，学生通过"草船"能猜出来。

2. 呈现原文描写

> 忽然一阵清风过处，只见一人，纶巾羽扇，身衣鹤氅，素履皂绦，面如冠玉，唇若抹朱，眉清目朗，身长八尺，飘飘然有神仙之概。（《三国演义》第一百一十六回《钟会分兵汉中道 武侯显圣定军山》）

师点拨：表演课本剧也是一门学问，人物角色的语言、动作甚至道具都需要细细推敲，最关键的就是要……（忠于原著）

3. 播放朗读录音，猜一猜

师：一把羽扇，我们认识了神机妙算的诸葛亮。那在以下这段话中，你能猜出写的是谁吗？为什么？

"身躯凛凛，相貌堂堂。一双眼光射寒星，两弯眉浑如刷漆。胸脯横阔，有万夫难敌之威风；话语轩昂，吐千丈凌云之志气。心雄胆大，似撼天狮子下云端；骨健筋强，如摇地貔貅临座上。如同天上降魔主，真是人间太岁神。"（播学生的朗读录音）

师点拨：在聆听上面这段"原汁原味"的文字时，你可能会遇到不懂的词语，但这并不妨碍我们看见一个威风凛凛的武松。因为我们通过"猜"，能读懂大致的意思。

板块二：回顾单元主题，正确认读词句

1. 读单元导读页，完成课文"配对"

师：在第二单元里，选编的课文都与我国四大名著有关。其中，在《三国演义》里，本单元选取了《草船借箭》这个充满智慧的故事，在《水浒传》中则选取了第二十三回的《景阳冈》武松打虎的故事，在《西游记》中选取了第一回的《猴王出世》，最后是《红楼梦》，选取了与放风筝有关的《红楼春趣》。它们各自的作者你有了解吗？（课件出示）

在导读页中，我们还会留意到本单元的阅读要素——初步学习阅读古典名著的方法。

2. 词语盘点

阅读古典名著的确需要方法，因为这些古代白话文小说，在语言上与我们的现代汉语有一定区别，我们在阅读时会碰到一些陌生或者难理解的词语，同学们先自己来回顾、读一读。（对于要求会写的词语，先自由读、随后齐读，再请小组读）

3. 多音字归纳，读句

本单元还有四个特别的多音字，它们就藏在以下的句子中，请同学来读一读、选一选。

师小结：同学们读得真不错，刚才我们回顾了单元主题，也正确认读了词句。

板块三：把握文章内容，巧用梳理感知

师过渡：我们都知道，四大名著都是经典的长篇章回体小说，人物繁多，情节复杂，但每一个章节又是一个独立的、引人入胜的故事。因此，对文章内容进行梳理，是我们阅读名著的前提和基本方法之一。（贴板书）我们来看一看本单元的思考题，你发现了什么？有什么启发呢？

预设：它要求我们要读懂故事，能说出主要内容；还要关注人物形象等。

师点拨：概括主要内容有方法可循。

1. 把握结构，三步法说故事（《草船借箭》）

(1) 师导入：瞧，这幅插图对应的是？（《草船借箭》）其中，我们根据课后题的提示，可以得到一个常用的梳理方法（三步法：起因、经过、结果）。

(2) 师引导学生说主要内容：既然是草船借箭，那么我们可以给它搭建一艘故事船，请你们合作来说一说它的主要内容吧！

(3) 师小结：从周瑜的设计陷害，到诸葛亮的巧妙布局，再到周瑜的自叹不如，像这样叙事性强、情节紧凑的故事，我们不妨用"三步走"的梳理方法，清清楚楚地归纳故事情节，这样更容易读懂文章。（师板书）

2. 紧扣人物，厘清情节线（《景阳冈》）

(1) 对比发现：对比《景阳冈》的梳理提示，你又有什么发现呢？

预设：同样选自古典名著，但它们概括主要内容的方法有所不同。

(2) 明确关键：在《景阳冈》一文中，人物不多，主要聚焦在武松身上，这时我们可以紧扣主人公武松"做了什么"来厘清故事的情节。（师板书，课件出示括号内容，学生说出主要内容）

(3) 师拓展：下冈后，武松便成了家喻户晓的"打虎英雄"，其实呀，《水浒传》里描写打虎的还有……（李逵打虎、解珍解宝兄弟打虎）为何武松打虎会比较有名呢？还有，在《水浒传》里，武松的故事不仅仅是打虎，你知道的还有哪些？（"庆功楼怒杀西门庆""大闹飞云浦""醉打蒋门神"等）这些痛快淋漓、荡气回肠的故事，正在古典名著中等着我们。

3. 划分内容，提炼小标题（《猴王出世》）

(1) 师引导学生看板书：关于梳理文章内容，刚才我们已经掌握了两种方法，在《猴王出世》这一课中，其实还隐藏了一种方法。（学生看课件观察特点）

(2) 师点拨：《猴王出世》共有四个自然段。围绕"石猴是怎么出世的？又是怎么被称为猴王的？"这两个问题，将文章划分两大部分，把提炼出来的小标题串成一段话，基于这些步骤梳理课文，其实主要内容已经基本概括成型了。

(3) 师小结：如果我们掌握了梳理的小窍门，那么在读古典名著时，我们的头脑就会更清晰，读起来就更加顺畅，还能启发我们不断去思考。

板块四：运用所得方法，助读拓展文章

（1）师：我们在阅读时，通常会根据自己的阅读需要去调动这些梳理的方法。下面我们就来实践一下吧！［出示阳光学业评价练习册第17—18页《智取生辰纲（节选）》］

《水浒传》描述，北宋末年（约12世纪初）的农历六月，在山东一个名不见经传的荒凉之地黄泥冈，发生了一起震惊全国的重特大抢劫事件。那就是……（《智取生辰纲》）

要求：静心默读，用你所掌握的方法大致读懂文章，说一说它的主要内容。

（2）学生默读，选择认为恰当的方法进行归纳，师巡视，拍照上传待分享。

预设：起因—经过—结果

起因：杨志负责押送生辰纲去往东京，途中天气酷热难耐，赶路的军汉们想要买酒解渴，便让老都管说服杨志。

经过：七个扮作枣贩子的客人在黄泥冈埋伏，用欲擒故纵法引诱杨志等人买酒喝，设计在酒中下蒙汗药。

结果：杨志等人全被蒙汗药麻倒，生辰纲被劫走。

（3）播放节选视频，加深对文章的了解。

过渡：七个贩枣子的客人，你知道是谁吗？（课件演示）

（4）呈现阳光学业评价练习册第25—26页《鲁智深倒拔垂杨柳》内容，引导学生看回目，回目提供的信息能让学生推测每一回的内容，了解故事的梗概。

师：这时我们心中可能也会产生一些疑问：鲁智深是谁？为什么要倒拔垂杨柳？成功了吗？……带着问题去看文章也是阅读的技巧之一。

（5）学生完成课后练习题2，概括主要内容。师点评。

（6）小结，布置作业。

板书：

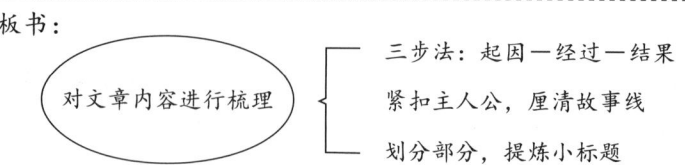

对文章内容进行梳理
- 三步法：起因—经过—结果
- 紧扣主人公，厘清故事线
- 划分部分，提炼小标题

五年级上册第一单元梳理教学设计：一花一鸟总关情

一、单元说明：整体把握单元的学习内容

（一）主题与目标

统编版小学语文教材五年级上册第一单元的人文主题是"一花一鸟总关情"，该单元旨在通过名家名篇，引导学生亲近自然，感受生活中的美好事物，体会人与自然的和谐之美。阅读要素是"初步了解课文借助具体事物抒发感情的方法"，习作要素是"写一种事物，表达自己的感情"。

（二）课文梳理

本单元的四篇课文均为散文，情感表达细腻而含蓄。

郭沫若笔下的白鹭，平凡而高贵，朴素而高洁，文章通过对白鹭诗意的描写，表达了作者对白鹭的欣赏和赞美。这是一篇文质兼美的文章，除了考查学生对文章内容的理解外，还要求背诵全文。许地山的《落花生》，通过叙写收获节中父亲与学生们的对话，借花生抒发了作者"要做有用的人"的感悟。"花生"所蕴含的独特品质，启发学生去思考自己要如何做一位"默默无闻作贡献"的人。《桂花雨》的作者是琦君，文章叙述了作者关于故乡"桂花香""摇花乐"的美好童年回忆，"这里的桂花再香，也比不上家乡院子里的桂花"，作者把思乡怀旧之情倾注在字里行间。略读课文《珍珠鸟》的作者是冯骥才，文章按时间顺序叙事，通过对珍珠鸟从怕人到信赖人的变化过程的描述，展现了作者与珍珠鸟的美好情谊，揭示了信赖能创造美好境界的道理。

可以说，该单元学习内容的设置都渗透着"一花一鸟总关情"这一人文主题，同时又通过单元中的交流平台以及习作等板块，引导学生发现事物的特征与抒发的感情之间的关联，了解借助具体事物抒发感情的方法，充分体现了统编教材工具性与人文性兼顾的编写特色。

二、单元重点：有效落实单元的两个要素

在整体着眼的基础上，教师在教学时应把握重点，努力实现在阅读和表

达上的目标。

（一）阅读要素：初步了解课文借助具体事物抒发感情的方法。

其重在引导学生通过阅读对不同事物的描述，体会作者的思想感情。关于这样的阅读训练，统编教材中有如下设计：

册序	单元	阅读训练要素
四上	第一单元	边读边想象画面，感受自然之美。
	第六单元	通过人物的动作、语言、神态体会人物的心情。
四下	第一单元	抓住关键语句，初步体会课文表达的思想感情。
	第三单元	初步了解现代诗的一些特点，体会诗歌表达的情感。
	第四单元	体会作家是如何表达对动物的感情的。
五上	第一单元	初步了解课文借助具体事物抒发感情的方法。
	第四单元	结合资料，体会课文表达的思想感情。
	第六单元	体会作者描写的场景、细节中蕴含的感情。
五下	第一单元	体会课文表达的思想感情。
	第四单元	通过课文中动作、语言、神态的描写，体会人物的内心。
六下	第三单元	体会文章是怎样表达情感的。

仔细梳理后不难发现，教材中落实"体会作者的思想感情"这一课程目标是循序渐进并各有侧重点的，每一环节都承载着各自的任务。例如，四年级的"边读边想象画面"、抓"人物的动作、语言、神态"以及"关键语句"等，再到高年级"借助具体事物""结合资料"以及注意"场景、细节"等，学生以课文为抓手，体会到作者所表达的思想感情之后，再进一步揣摩与习得"怎样表达"的方法。

在整体梳理后，我聚焦到本单元的阅读要素，如何引导学生"初步了解课文借助具体事物抒发感情的方法"呢？教师备课时不妨从课后思考题、交流平台、阅读链接等板块找找抓手。

1. 研读课后题目，了解"具体事物"。

教材的课后练习题一般具有层次性，教师不妨把相关的内容放在一起进行分析。在《白鹭》中，课后思考题要求学生"说说你从哪些地方感受到'白鹭是一首精巧的诗'"；在《落花生》中，要求学生"说说课文围绕'落花生'写了哪些内容"；在《桂花雨》中，要求学生"说说桂花给'我'带来了哪些美好的回忆"。三个"哪些"分别指的是什么呢？我梳理如下表：

课文	课后思考题之一	具体事物	抒发感情的方法
《白鹭》	说说你从哪些地方感受到"白鹭是一首精巧的诗"	三幅画面:"水田钓鱼""枝头闲立""空中低飞"	与事物有关的画面呈现
《落花生》	说说课文围绕"落花生"写了哪些内容	突出特点:朴实无华、默默无闻却用处很多	事物的某一突出特点
《桂花雨》	说说桂花给"我"带来了哪些美好的回忆	乡间小事:"桂花盛开""摇花乐"	和事物相关的事情

感受白鹭的精巧,主要是借助三幅诗意的画面,"水田钓鱼""枝头闲立""空中低飞",白鹭平常的一举一动,在作者的笔下都成了优美的画面,这提示了"具体事物"可以是与事物有关的画面呈现。再来看看那不起眼的花生,课文围绕着它写了种花生、收花生、尝花生、议花生的过程,其中在"议花生"里,作者巧借花生朴实无华、默默无闻却用处很多的特点来说明做人的道理,这也提示了"具体事物"可以是事物的某一突出特点。最后,在《桂花雨》中,美好的童年回忆体现在叙写"桂花盛开""摇花乐"这样的乡间小事中,原来,所谓的"具体事物"还可以是和事物相关的事情。

2. 结合"交流平台",进行方法归纳。

在教学中,教师引导学生回答这三个"哪些",学生就能以课文为例子,明白"具体事物"的含义,并能清楚认识到,如果要抒发感情,首先要从内容上把事物写具体。再结合"交流平台",教师可以引导学生进行归纳:通过叙写与桂花相关的童年趣事,寄托浓浓的思乡之情;通过描写花生的特点,说明做人的道理……这些其实就是运用了"借具体事物抒发感情"的方法。

随后,教师还可以让学生说说对实际生活中某些事物的感受,进一步加深对该单元课文借助具体事物抒发情感的认识。如班主任送给自己的钢笔、在家里观察的含羞草、校园里纷纷落下的黄叶等。

每个人心中都有一些承载着自己情感的事物,学生可以结合自己的经历畅谈。例如,看见学校纷纷飘落的黄叶子,我就知道季节交替的时刻要到来了,想起自己和同学课间一起到操场扫落叶、捡落叶的情景,给校园生活带来了乐趣;每当看到老师送给我的钢笔,便能回忆起老师和我谈心、给予我鼓励的画面,钢笔就

代表着老师对我的关爱……无论学生描述的是事物的特点还是叙写与事物有关的事情，教师点拨的重点是该事物必须能够引发学生的内心共鸣，这样才能抒发真实的情感。

（二）表达要素：写一种事物，表达自己的感情。

在本单元中，读与写是紧密联系在一起的，学生从课文阅读中习得方法，并将其运用到表达"写一种事物，表达自己的感情"中，这一表达要素主要是通过课文内容、小练笔、词句段运用和习作等板块去落实的。

1. 关注语言表达，挖掘读写训练点。

统编教材的重要理念是"阅读与表达并重"，从"阅读"到"表达"是单元的整体设计。如果教师能从每篇课文中挖掘有价值的读写训练，那么学生的读写空间就能被有效拓宽，同时也为学生的习作训练搭建渐进的阶梯。

如《白鹭》一文，要求学生给第6—8自然段中描绘的三幅优美的画面起名字，这三个自然段展现的是三个不同场景中白鹭的美，按照不同的时间，把白鹭的生活习性描述得独特而有画面感。在教学中，学生除了在读中感悟，还可以结合课后要求的背诵和抄写，用多种方式去关注这种丰富的语言表达，为习作热身。

在《落花生》一文中，课后的"小练笔"就是最有价值的读写训练点。教师可以通过小练笔迁移运用《落花生》借具体事物喻人的表达方式，让学生初试身手，写一个片段。在教学中，教师可以先引导学生找出事物特点与人的品质之间的相似之处，再提供一定的支架，让学生练写。

而《桂花雨》和《珍珠鸟》两篇课文，教师在教学时一定会关注到课后题、导语中蕴含感情的语句。

如《桂花雨》课后呈现了两个需要品味体会的句子：在第一句话中，作者用一个"浸"字将无形而浓郁的香气写得可感可触，对桂花的喜爱和怀念之情蕴含在字里行间；第二句话生动地描写了儿时的"我"摇桂花的情景，表现了"我"欢乐与兴奋的心情。

在《珍珠鸟》一课，体现珍珠鸟可爱的句子很多，里面一些运用修辞手法的语句也是学生在习作中值得仿写运用的生动表达。

如：

句子一：它小，就能轻易地由疏格的笼子里钻出来。瞧，多么像它的父母：红嘴红脚，灰蓝色的毛，只是后背还没生出珍珠似的圆圆的白点。它好肥，整个身子好像一个蓬松的球儿。

这是作者对出世不久的小珍珠鸟的外形描写，此处连用两个比喻，生动形象地描绘出小珍珠鸟可爱的样子，流露出对小珍珠鸟的喜爱之情。

句子二：它先是离我较远，见我不去伤害它，便一点点挨近，然后蹦到我的杯子上，俯下头来喝茶，再偏过脸瞧瞧我的反应。我只是微微一笑，依旧写东西。它就放开胆子跑到稿纸上，绕着我的笔尖蹦来蹦去，跳动的小红爪子在纸上发出嚓嚓的响声。

作者运用拟人的手法，赋予珍珠鸟人的神情和心理。"挨近""蹦""俯下""喝""偏""瞧瞧""跑""绕""蹦来蹦去"等动作描写，栩栩如生地表现了一个像学生一样顽皮的鸟的形象。

除此以外，语文的学习活动应紧扣学生的情感体验，以促进学生的阅读、思考和表达能力的提升，因此，《桂花雨》和《珍珠鸟》两篇课文，一篇写童年趣事，一篇写可爱的小动物，这与学生的生活比较接近，教师还可以结合文本创设有价值的小练笔。

例如，当引导学生品析"摇花乐"这一精彩片段之后，教师可以布置学生课后围绕一个"乐"字进行片段练写。学生借鉴课文的表达方式，描写自己难忘的"摘瓜乐""品茶乐""插花乐""种菜乐"等，生动地表达自己心中的"乐"，在读写迁移中提升语言表达能力。

2. 巧用对比手法，突出事物特点。

关注语言表达，挖掘读写训练点，的确能让学生勤于动笔，有所收获。除此以外，教师还要关注语文园地的词句段运用板块。

教师布置任务让学生自由读这组句子，思考在描写事物的方法上有什么相似之处；引导学生发现三个句子都用对比的写法突出了所描写事物的特点。教师可以将以上句子中对比的部分去掉，让学生读读，说说表达效果有什么不同；也可以拓展呈现其他的句子，体会对比写法在描写事物时的作用。

如：

句子一：这梅花，是我们中国最有名的花。旁的花，大抵是春暖才开花。她却不一样，愈是寒冷，愈是风欺雪压，花开得愈精神，愈秀气。（陈慧瑛《梅花魂》）

句子二：山是野的。桂林太秀了，庐山太俊了，泰山太尊了，黄山太贵了——它们都已经"家"化了。人工的雕琢，赋予的毕竟是人工的美，这种人工的美，

是不能与索溪峪的山比美的。索溪峪的山，是天然的美，是野性的美。（曹敬庄《索溪峪的"野"》）

3. 明确具体要求，打开习作思路。

当教师对表达训练有了细致的分析和落实，来到习作板块，学生对其内容已不陌生，可以进行完整的习作实践了。

教材第一部分以该单元课文中所写之物"桂花""珍珠鸟"引入，有意识地引导学生回顾单元课文内容。接着，教材列举了日常生活中一系列事物，如植物、玩具、生活用品类等，帮助学生拓宽选材思路。每一种素材前面都有与之相关的事件提示，如"绿毛龟"前面是"养了三年的"，"旱冰鞋"前面是"爸爸奖励的"等，引导学生叙事时要说清楚事物成为自己心爱之物的原因。最后教材利用四个层层递进的问题，提示学生怎么把心爱之物写具体。

习作前，教师可以根据学情设计一些习作单，让学生先积累一定的素材，并通过交流分享打开习作思路，进行补充、完善。习作后，要组织学生围绕习作目标互评修改，分享习作。评析可以从几个方面展开，如内容写得是否清楚具体，是否能感受到作者的喜爱之情，有哪些打动自己的语句以及被打动的原因，也可以对不足之处提出建议。

以上，就是落实阅读和表达训练的一些解读和建议。这样以整个单元为备课的主体，学生便能经历一个相对完整的语言实践过程。

三、口语交际

这个单元的口语交际为"制定班级公约"，它与语文要素和人文主题没什么关联，是相对独立、自成体系的，以功能交际为主。重点训练目标有两点：一是"发言时要控制时间"；二是"讨论后作小结，既总结大家的共同意见，也说明不同意见"。鉴于"制定班级公约"与学生的教室生活密切相关，我认为不妨将口语交际学习活动前置，或与第一周的班会课融合，这样就能为学习活动创造真实的"情境"和需求。

以上是立足于单元整合教学的尝试，让单元中不同文章的教学更加集中地指向单元教学中的重难点，只有清楚自己要教什么、想教什么，才能更具体而又有针对性地实施课堂教学活动。

五年级下册第一单元梳理教学设计

一、教材内容分析

统编版小学语文教材五年级下册第一单元以"童年往事"为主题编排了三首古诗《四时田园杂兴（其三十一）》《稚子弄冰》《村晚》，一篇阅精读课文《祖父的园子》，两篇略读课文《月是故乡明》《梅花魂》。本单元的语文要素是体会课文表达的思想感情。这四篇课文呈现了不同的表达思想感情的方法。

二、学情分析

（一）学生基础：本学期之前，学生已经掌握了一些体会课文思想感情的方法，如"抓住关键语句，初步体会课文表达的思想感情""初步了解课文借助具体事物抒发感情的方法""体会作者描写的场景、细节中蕴含的感情""结合资料，体会课文表达的思想感情"等。在该单元的复习梳理之前，学生已经通过线上课堂，学习过该单元四篇课文，对该单元的字词、课文内容、课后习题等有了一定的了解。

（二）生长点：综合运用已经掌握的方法，体会课文表达的思想感情，交流、总结"体会课文表达的思想感情"的阅读经验，学习运用作者的表达方法。

三、教学目标

（一）统整该单元四篇课文，梳理、串联已学知识，高效复习。

（二）整合、重组、建构体会思想感情的方法。

（三）读写联动，尝试运用表达思想感情的方法评议习作。

四、教学准备

教科书、盘点单、学习单。

五、教学过程

板块一：单元复盘，明确目标

（一）古诗导入，揭示议题

1. 看图猜古诗：《村晚》《四时田园杂兴（其三十一）》

（1）同学们，相隔几个月再次相见，老师要送大家一份见面礼——看图猜古诗。

（2）请猜中《四时田园杂兴（其三十一）》的学生背一背这首诗。

2. 听音猜古诗：《稚子弄冰》

这几首古诗通过描写意趣横生的古代儿童生活画面，表达了作者对童真童趣的喜爱之情。这节课，我们将再一次走进第一单元，回忆童年往事，聆听作者的心声（板书课题）。

（设计意图：用本单元的古诗的图片和声音导入，带领学生进入童年的情境，重温要背诵的内容，提高复习的效率）

（二）单元复习，目标明晰

1. 知单元复习方法

同学们，在第一单元里，我们学习了三首古诗、三篇文章。当我们在复习这个单元的时候，应该怎么复习呢？老师告诉大家一个小秘密——在每个单元的单元导读页，你能找到两个小锦囊。这两个小锦囊，就是这个单元的语文要素，就是我们在学习完这个单元之后，要学会的必备技能。我们来看看，第一单元的语文要素有什么？

预设：体会课文表达的思想感情，把一件事的重点部分写具体。

师：这节课，我们来聚焦第一个语文要素——体会课文表达的思想感情。

（设计意图：授人以鱼，不如授人以渔。让学生知道，除了常规的一课一课地复习，还可以通过抓住单元语文要素的方法来进行单元整体复习）

2. 明本课学习目标

学习完这节课之后，我们将达到这三个目标：

统整本单元诗文，梳理、串联已学知识，高效复习；

整合、重组、建构体会思想感情的方法；

读写联动，尝试运用表达思想感情的方法评议习作。

板块二：单元整合，盘点方法

（一）单元回顾，聚焦"情感"

昨天，老师布置了盘点本单元知识的任务，大家都完成了吗？

1. 词语盘点

作者的心声都藏在文章的字里行间，文章的一些词语，需要我们会认读、会理解，请同学们结合盘点单，先自己来回顾、读一读。（对于要求会写的词语，先自由读，随后齐读，再请小组读）

2. 多音字归纳、读句

本单元还有三个特别的多音字，它们就藏在以下的句子中，请同学来读一读、选一选。

3. 现在，请你结合盘点单，说一说：这几篇诗文分别寄寓了作者怎样的情感。

课文	作者	思想感情	体会方法
《四时田园杂兴（其三十一）》			
《稚子弄冰》			
《村晚》			
《祖父的园子》			
《月是故乡明》			
《梅花魂》			

预设1：在三首古诗中，我体会到了诗人对童真童趣的喜爱之情。

预设2：在《祖父的园子》中，我体会到了作者对祖父深沉的热爱与依恋，对童年园子中生活的深深怀念。

预设3：在《月是故乡明》中，我体会到了作者离乡后的思乡之情。

预设4：在《梅花魂》中，我体会到外祖父思念家乡、眷恋祖国的深情。

（二）单元梳理，理解方法

1. 自主梳理方法：看来大家都读懂了作者的心。你们都用了什么方法来体会文章表达的思想感情？

预设1：读到《月是故乡明》中"我的小月亮，我永远忘不掉你！"这句话时，我能直接感受到作者对故乡深深的怀念之情。

师：你抓住了直抒胸臆的句子。（板书：直抒胸臆）

预设2：读《祖父的园子》时，我从描写园子里的花朵、鸟儿、虫子等事物的句子中，体会到了字里行间蕴含着的对祖父和园子深沉的爱与怀念。

师：俗话说"一枝一叶总关情"，从作者对事情、景物、人物的描写中，我们往往能听到作者的心声。（板书：人事景物）

预设3：我在读《月是故乡明》时，把自己想象成文中的"我"，体会到了作者的怀乡之情。

师：你用了代入角色的方法。（板书：代入角色）

预设4：通过结合课后"阅读链接"的资料，联系作者的写作背景，我知道了《祖父的园子》中描写的各种美好的事物，也蕴含着作者的伤感之意。

师：你用了结合资料的方法。（板书：结合资料）

2. 交流平台，理解方法。同学们刚刚分享的方法，和交流平台里四位同学提到的方法有不少不谋而合之处，不过仔细对比一下，有没有哪些不一样的地方呢？请翻开语文书第15页，默读交流平台，圈画关键词。

预设：抓直抒胸臆的句子，抓住对事物、景物的描写，代入角色，有感情地诵读。

师小结：大家都很会总结方法。举一反三，带着方法来阅读，能让我们更加容易听清作者的心声。（教师相机小结，补充上一环节未完成的板书）

（设计意图：勾连已学知识，让学生先用学过的方法自行盘点本单元知识，再自行梳理、总结方法。然后运用交流平台，进行方法的补充和提升。以学生的已学知识为起点，着眼于最近发展区，在自行盘点、同学补充中习得方法）

板块三：求同存异，深化方法

（一）对比习题，发现异同

看一看本单元四篇诗文的思考题，对比异同。想一想：在表达情感方面，这几篇文章有什么共同点和不同点？

预设1：这几篇文章的相同之处是，都蕴含了作者浓浓的情感。

预设2：这几篇文章的不同之处是，它们表达的情感都不一样，有对童真童趣的喜爱之情，有童年的怀念之情，有思乡之情，有爱国之情。

预设3：这几篇文章的不同之处是，作者表达思想感情的方法都不同。三首古诗主要写了"童孙""稚子""牧童"的生活画面，他们都是人，这三首诗借助描写儿童的生活画面来表达情感。《祖父的园子》写到了"大树""土墙""黄瓜"，这些都是物品，文章通过对景物的描写表达情感。《月是故乡明》通过月亮来寄托思乡之情，"月亮"是景物。《梅花魂》主要写了外祖父的几件事，作者通过写事来寄托情感。

师小结：没错，这个单元的四篇课文，分别从人、事、景、物等不同方面，呈现了不同的表达思想感情的方法。

（二）人事景物，深化方法

1. 方法一：抓住对事物蕴含情感的介绍文段（借物抒情）

（1）读文段，说体会

> 一切都活了，要做什么，就做什么。要怎么样，就怎么样，都是自由的。倭瓜愿意爬上架就爬上架，愿意爬上房就爬上房。黄瓜愿意开一朵花，就开一朵花，愿意结一个瓜，就结一个瓜。若都不愿意，就是一个瓜也不结，一朵花也不开，也没有人问它。玉米愿意长多高就长多高，它若愿意长上天去，也没有人管。

师：有感情地朗读这段话，体会作者的内心感受。

预设：通过文中对自由自在的黄瓜的描写，我体会到作者在祖父的园子里也是自由自在、无拘无束的。

师：你是从哪些语句中看出来的？

预设：我从"……愿意……就……"看出了黄瓜的自由，由此可以看出作者也是自由的，作者将自由的感觉寄托在了黄瓜上。

师小结：你抓住了文中对事物蕴含情感的介绍文段。（板书：借物抒情）

（2）对比句子，关注手法

像这样借物抒情的句子，在《祖父的园子》里还有很多。老师把这些借物抒情的句子找出来了，对比阅读：这几组句子分别用了什么修辞手法？这对你体会思想感情有什么启发？请在学习单的文本旁圈画批注。

> ①倭瓜愿意爬上架就爬上架，愿意爬上房就爬上房。
> ②黄瓜愿意开一朵花，就开一朵花，愿意结一个瓜，就结一个瓜。
> ③玉米愿意长多高就长多高，它若愿意长上天去，也没有人管。

> ①蜜蜂则嗡嗡地飞着，满身绒毛，落到一朵花上，胖乎乎，圆滚滚，就像一个小毛球似的不动了。
> ②太阳一出来，榆树的叶子就发光了，它们闪烁得和沙滩上的蚌壳一样。

> ①花开了，就像睡醒了似的。鸟飞了，就像在天上逛似的。虫子叫了，就像在说话似的。
> ②拍一拍手，仿佛大树都会发出声响；叫一两声，好像对面的土墙都会回答似的。

预设：用了反复、比喻、拟人的修辞手法。

师小结：言为心声，情由境生。我们在阅读借物抒情的语句时，要关注独特的表达方式，体会课文的思想感情。

2. 方法二：捕捉景物描写中的情感意蕴（情景交融）

> 夸大一点儿说，此地有茂林修竹，绿水环流，还有几座土山点缀其间，风光无疑是绝伦的。每逢望夜，一轮当空，月光闪耀于碧波之上，上下空蒙，一碧数顷，荷香远溢，宿鸟幽鸣，真不能不说是赏月胜地。荷塘月色的奇景，就在我的窗外。然而，每值这样的良辰美景，我想到的却仍然是故乡苇坑里的那个平凡的小月亮。

师：有感情地朗读这段话。作者抒发了哪些感受？

预设：作者描写了美妙绝伦的燕园月景，表达了对美景的喜爱。然而，他更爱家乡的小月亮，在对比中表达出对家乡月亮的喜爱，以及对家乡的深切怀念。

师小结：看来呀，我们可以捕捉景物描写中的情感意蕴，体会作者的思想感情。（板书：情景交融）

3. 方法三：抓住事情叙述中蕴含感情的语句（融情于事）

（1）读《祖父的园子》：抓住细节描写

> 祖父发现我铲的那块地还留着一片狗尾草，就问我："这是什么？"
> 我说："谷子。"
> 祖父大笑起来，笑够了，把草拔下来，问我："你每天吃的就是这个吗？"
> 我说："是的。"
> 我看祖父还在笑，就说："你不信，我到屋里拿来给你看。"
> 我跑到屋里拿了一个谷穗，远远地抛给祖父，说："这不是一样的吗？"
> 祖父把我叫过去，慢慢讲给我听，说谷子是有芒针的，狗尾草却没有，只是毛嘟嘟的，很像狗尾巴。

师：同桌两人分角色读这段话，同学们体会到作者怎样的情感？

预设：通过文中描写的跟祖父学铲地这件事，我体会到作者对祖父的喜爱。

师：你从哪些关键词句体会到作者的情感？

预设：从祖父的两次笑和祖父对我说的话看出来的。

师小结：抓住事情叙述中蕴含感情的语句，尤其是对人物的细节描写，如人物的神态、动作、语言，我们能更容易读懂作者的心。（板书：融情于事）

（2）读《梅花魂》：联系全文事例

在《祖父的园子》里，作者重点写了一件事。而在《梅花魂》中，作者写了五件事，这五件事分别是什么？请你用短语概括出来。在书上做批注。

预设：吟诗落泪，珍爱梅图，思国伤怀，赠墨梅图，送梅花绢。

师：从这五件事中，你体会到外祖父怎样的感情？

预设：我体会到外祖父思念家乡、眷恋祖国的深情。

师：串联这五件事，我们发现，梅花贯穿全文，是全文的线索，作者为什么要这样写？

预设：梅花不畏冰雪、凌寒怒放，外祖父像梅花一样，即使漂泊海外，也还是坚守爱国之心，外祖父具有梅花魂。

师小结：当我们读到写事的文章时，可以联系全文的事例，更好地体会人物的情感。

（三）盘点收获，修改导图

在课前，大家已经在单元盘点单上完成了本单元的思维导图。学完这节课之后，你有什么收获呢？请修改、完善导图，把这节课的收获补充上去吧！

上台汇报，师生共评。

（设计意图：在文本的对比和发现中，通过抓住对人、事、景、物表达情感的语句，深化对文本的理解，集体建构起"体会思想感情"的知识结构框架，最终以思维导图的形式呈现出来）

板块四：迁移方法，读写联动

（一）自主发现写作方法

各位小作者，对照板书，这节课对你写作时抒发感情有什么帮助？

预设1：可以通过对人、事、景、物的描写来抒发感情，像借物抒情、融情于事、情景交融。

预设2：可以通过细致描写场景和细节来抒发感情。

预设3：可以直接抒发内心所想。

师：没错，在这么多表达思想感情的方法中，有的是阅读方法，有的既是阅读方法，又是写作方法。我们在写作文的时候，也可以借鉴运用。

（二）小组合作，评议习作片段

下面的片段是从大家写的《那一刻，我长大了》习作中摘录出来的。请默读片段，想一想：文段分别抒发了小作者什么感情？你从哪里感受出来的？在学习单上圈画批注。

> 碎金般的阳光洒下来，那么明亮，那么温暖。窗外的树叶在暖风中摇摆，好像在为我舞蹈；鸟儿在空中欢叫，好像在为我歌唱……看着干干净净的房间，我意识到：那一刻，我长大了！

> 拿到考试试卷的那一刻，我好像看到满试卷鲜红的叉组成一张巨大的网向我卷来，变成一个怪物张牙舞爪地向我扑来，使我不得动弹，不能呼吸。

> 我不小心摔了一跤，脚受了伤。我忍着疼痛，扶着栏杆慢慢站起来，轻轻地迈出一步，一步，又一步……膝盖每动一下，伤口就拉扯一下，我疼得龇牙咧嘴的，但一想到家就在前方，我就告诉自己："再坚持一下下，很快就到了！"

预设1：第一段从"碎金般的阳光""树叶舞蹈""鸟儿欢唱"这些景物描写中，我体会到小作者在自己收拾房间后满足、愉悦的心情。

预设2：第二段从两个比喻句中，我体会到作者因考得不好而产生的紧张、担忧、恐惧的心情。

预设3：第三段从"我"受伤后的神态、动作、心理描写中，我体会到小作者坚强的内心。

（三）课堂小结，布置作业

1. 根据本单元内容，完善导图。

2. 小组合作，选择喜欢的场景说一说。

（设计意图：通过对"体会思想感情"课堂中的方法进行整合、重组和建构，形成知识框架，再从框架入手，实现从读到写的迁移运用）

六、板书设计

《四时田园杂兴（其三十一）》 《稚子弄冰》 《村晚》 《古诗三首》 《祖父的园子》 《月是故乡明》 《梅花魂》	 聆听作者的心声	场景与细节　借物抒情 人事景物　　情景交融 直抒胸臆　　融情于事 结合资料 代入角色 感情诵读

第四章 成效：传承交融，岁月留痕

在新疆的时光里，我始终牢记使命与责任。回首这段旅程，我深感自豪，留下了丰硕成果：打造"教—学—评一体化"的"四转化"教学模式，助力课堂提质；实施"一校三色"工程，推动乡村学校高质量发展；参与"文化润疆"三交工作，促进穗疏两地文化融合，播撒友谊与希望。我用行动践行使命，为新疆教育和文化交流贡献力量。

第一节 站得住课堂——"教—学—评一体化"的"四转化"教学模式

教学"四转化"是实现"教—学—评"一致性的策略，强调整合教学内容、目标、问题、过程和评价，形成紧密的统一体。教学内容目标化，使教师更加清晰地把握教学的核心；教学目标问题化，引导学生思考和探究；教学问题过程化，让学生在实践中获得知识和技能；教学过程评价化，教师及时向学生的学习效果进行反馈，使教学更加有针对性。这个策略不仅提高了教学质量和效果，更让学生感受到学习的乐趣和价值。教学"四转化"让课堂变得更加生动、有趣，更有深度和广度，为教学的精彩篇章注入了新的活力。

"教—学—评"一致性是指在教学活动中，教学目标、学习活动和教学评价应该相互一致，以确保教学的有效性。这种一致性有助于提升学生的学习效果，促进学生的全面发展。教师在备课和研读教材时，应用"化"的思维来梳理"教学内容→教学目标→教学问题→教学过程→教学评价"这一过程。通过这四个转化的步骤，教师可以实现课堂"教—学—评"的一致性和一体化的目标，提升教学质量和学生的学习效果。下面将详细叙述四个转化的实施步骤。

一、教学内容目标化

第一转化是教学内容目标化。这一"转化"要求教师将教材内容进行梳理，综合单元主题、课程标准、教材和学情后选定本课"教什么"，依据"教什么"制定出本课的教学目标。要实现教学内容目标化可以按照以下步骤操作。

（一）科学梳理教材内容，选定教学内容。教学内容有别于教材内容，它不是教材内容的重复，而是在教材内容的基础上，有延伸，有拓展，让学生能真切地感受到这堂课所带来的与自己单独阅读教材完全不一样的体验。教学内容的选定是教学中的核心问题。当下存在的最大问题就是教师直接将"下载"或"拿来"的教学课件当作教学内容。教师在备课时应依据学科课程标准、学科素养、学情选定教学内容。

（二）确定教学目标，实现教学内容目标化。教师选定教学内容后就要将其转化为教学目标。以核心素养为导向的教学目标通常包括学会目标（知识、技能）、会学目标（过程、方法）、乐学目标（情感、态度、价值观）。教学目标的表述应该准确、具体，同时要符合课程标准和教学要求。

二、教学目标问题化

教学目标问题化这一步是将教学目标转化为教学问题，即将要达到的教学目标以问题的形式呈现，这是激发学生探究欲望的关键步骤。其实"问题教学"是一个古老而又有活力的教学方法，传统的问题设计往往过于简单直接，主要集中在基础知识的认知、理解和应用上，缺乏对深度思考和高阶思维的训练。为了改变这种状况，教师们需要对应教学目标设计出更具挑战性和深度的问题，以触发学生的动态思维，引导他们进入更高层次的思考。以下是设计问题的维度：

（一）设计挑战性问题。有挑战性的问题可以激发学生的好奇心和求知欲，促使他们进行深度思考。这类问题通常需要学生运用综合知识或进行创新思考才能解决。

（二）设计开放性问题。开放性问题没有固定的答案，需要学生进行自主思考和探索。这类问题可以培养学生的创新思维和解决问题的能力。

（三）设计递进性问题。递进性问题由浅入深，层层递进，可以引导学生逐步深入思考。这类问题有助于训练学生的逻辑思考能力和推理能力。

（四）设计实践性问题。实践性问题的设计可以让学生将理论知识应用到实际情境中，提高他们的实践能力和应用能力。

（五）设计跨学科问题。跨学科问题的设计可以引导学生超越单一学科的限制，进行跨学科的融合思考。这类问题有助于培养学生的综合素质和创新能力。

通过采取多维度问题设计的策略，教师可以引导学生进行深度思考和高阶思维，提高他们的思维能力和创新能力。

常态教学中最容易操作的是"围绕题目质疑"，题目质疑能引导学生联系生活经验，与个人的认知结构建立联结，激活旧知，以学生的实情需求梳理出本课教学的"问题串"，这些来自学生的"真问题"是课始的精准诊断，并带出了学生"已知"和"未知"，做到了以学定教。

我们鼓励学生在课堂上跟着教师的教学指令带着"追问、质问、探问、疑问"一边上课，一边思考，并解决自己的问题。往往真实的"生本课堂"会在这些"问题串"的进阶中生成"新问题"，这些新问题可以理解为教学问题的更迭发展，这些"新问题"不一定在教师的预设范围内，也不一定与本课目标有关，但生成的问题也是课堂教学这个"问题场"中的关键部分，亟需教师去呵护，通过教师发展性评价使课堂变"重知识的输入"为"重思维的产生"，让学生思维动态升华，让学习真正发生。

三、教学问题过程化

教学问题过程化是将教学问题转化为体验式或任务驱动式的学习过程，旨在帮助学生解决思维化过程或知识解构重构层次性等方面的问题。我提供一些关于教学问题过程化的建议。

（一）创建学习单或学历案。这是一种以任务驱动的教学方法，通过为学生提供具体的学习任务和引导性问题，帮助他们进行自我学习和思考。学生在完成任务的过程中，需要分析和解决问题，从而将思维具体化。

（二）创设情境体验式学习。教师通过创设真实的情境和体验活动，帮助学生理解抽象的概念和理论。学生需要在情境实践中找到解决问题的方法和路径，这有助于他们将理论知识应用于实际情境中，提高实践能力和解决问题的能力。

（三）运用自主、合作、探究的六字聊课模式。这种教学方法强调学生的自主学习和合作学习。在自学阶段，学生与教材进行充分对话，对学习内容进行自我理解和思考。在小组讨论阶段，学生进行头脑风暴，分享观点和想法，并合作解决问题。在对话思辨阶段，学生进行深度学习，对学习内容进行更深入的分析和思考。这种方法有助于培养学生的自主学习能力、合作能力和探究能力。

四、教学过程评价化

教学过程评价化是指教师在教学过程中，通过观察、交流、堂测等方式，及时了解学生的学习情况，并对其学习成果进行客观、全面的评价，同时提供有效的反馈，以帮助学生发现自己的优点和不足，激发学习动力，提高学习效果。教学过程评价化提倡学习的"自我反馈"，其具体要求有三：一是自我观察，二是自我分析，三是自我评价。同时，还提倡"同步反馈"，其中"同步"指与学习内容同步，与学习进程同步，与练习过程同步，与学生心理兴奋点同步，等等。

教学过程评价化还将"教—学—评"一致性带入一个螺旋上升式的机制，因为真正的一体化是一个"教与学—教与评—再教与学"的融通循环过程。"教—学—评一体化"设计和实施的关键在于教师找准促进"教—学—评一体化"融通的关键点和难点，在教学过程中适时运用评价的方法，分析教学效果以调控课堂。只有持续地学习、实践、优化，教师才能将以教学者为主导的流线型课堂转变为情境化、结构化、一体化的课堂形态，实现评价主体的多元化、评价内容的多维化、评价方式的多样化。

第二节 乡村学校高质量发展的"一校三色"工程

2023年2月,广东省第二批"组团式"援疆教师赴疆。在受援学校喀什地区疏附县托克扎克镇中心小学,援疆教师团实施了"一校三色"工程,探讨文化润疆视域下南疆乡村小学高质量发展的实践路径。其中,"一校"是指援疆教师所服务的受援学校,"三色"是指受援学校实现高质量发展的三个核心方向——底色、润色和特色。

一、底色:以"恩文化"为引导,学校蜕变腾飞

(一)凝练"立德树人,感恩成才"的办学理念

进入疏附县托克扎克镇中心小学,首先映入眼帘的是那座醒目的红色感恩楼。楼体上镌刻的"知恩、感恩、报恩"六个大字,不仅是学校的校训,更是学校文化的精髓。六字校训如今已扩展为八字校训,新增的"思恩"二字,进一步丰富了学校的文化内涵。

2014年4月28日,习近平总书记亲临该校,给予了师生深切的期望和关怀:"少数民族学生双语教育要抓好,学好汉语不仅将来找工作方便,更重要的是能为促进民族团结多作贡献。"习近平总书记对教师们提出了殷切的嘱托,希望他们肩负起教育的重任,把工作做得更好。

在深入学习教育方针政策、仔细研究学校校史资料后,援疆教师团认为"立德树人,感恩成才"是极具传承价值的办学理念。这一理念强调在培养学生的道德品质、关键能力的同时,培养学生的感恩意识,使他们成长为有责任感、有担当的人才。

援疆教师团用书法、剪纸、刺绣、国画等打造学校的环境文化,让中华优秀传统文化浸染学校的每一个角落。学校的楼宇以"恩"字名——知恩楼、感恩楼、报恩楼、育恩楼、悟恩阁、思恩亭;学校的门也以"习"字名——传习门、亲习门、爱习门、温习门、勤习门;路、园有别名和爱称。用红色革命文化打造新疆"四史馆"、红领巾广播室、少先队活动室、文化长廊,用社会主义文化打造科技馆、录播室、图书室等。于细微之处见用心,点睛之笔有玄妙,师生身临其境,感知恩文化符号的魅力。

（二）"恩文化"的塑造

学校的发展应当立足本土文化和自身特点，寻求内生式的发展道路。因此，学校党支部书记姚红玉带领校级干部走访村委，查阅村志，深入学生家庭，开展了对全校师生的调查和座谈。经过一系列的研讨与论证，最终确定了以"恩文化"作为学校的核心文化。其中，"知恩"指师生要深知党和国家给予的恩情，通过建设"知恩"的环境文化，促使这种感恩之情深入人心；"感恩"指感悟和珍惜党和国家给予的爱，通过根植"感恩"的理念文化，让感恩之心内化为行为准则；"报恩"指以实际行动回报党和国家的恩情，通过建构"报恩"的行为文化，促使师生将感恩之情转化为具体的行动；"思恩"则是思考恩情对于育人成才的深远意义，通过实施"思恩"的制度文化，将这种感恩之情融入学校的日常管理和运作。

（三）创生校本课程，塑造"恩文化"乡村学校品牌

1. 知恩课程——启迪心灵的基础课程。通过学习国家课程，学生了解恩情、懂得回报，培养感恩之心；开设专题讲座和主题班会，深化学生对恩文化的认识和理解。

2. 感恩课程——情感升华的拓展课程。组织红色主题教育活动，让学生在亲身体验中感受感恩之心、培养感恩之情；开展志愿服务和社会实践活动，让学生在奉献中学会感恩、传递感恩之心。

3. 报恩课程——实践创新的融创课程。鼓励学生参与多元文化交流活动，拓宽国际视野，传承中华优秀传统文化；开展创新创业教育和实践活动，让学生在实践中学会报恩、贡献社会。

4. 思恩课程——道德养成的提升课程。注重学生的生命教育和心理健康教育，让学生在关爱中学会思考、珍惜生命；开展礼仪教育和传统文化体验活动，让学生在传承中学会思恩、提升自我。

二、润色：教学革新与团队共筑，润泽添新绿

（一）构建"四转化"教学模式，激活课堂思维之光

"四转化"要求教师在备课时紧紧围绕思维课堂的核心展开设计。第一个转化，将教学内容精准转化为教学目标，确保教学方向明确；第二个转化，将教学目标巧妙转化为教学问题，激发学生的探究欲望；第三个转化，将教学问题转化

为体验式或任务驱动式的学习过程，让学生在实践中感悟知识；第四个转化，强调在教学过程中进行适时、多元的评价，确保教学效果的及时反馈。总之，"四转化"深度整合与关联了传统教学设计中的"教材分析""学情分析""教学目标""教学过程""教学评价"等要素，是实现教—学—评一体化的有效教学模式，援疆教师团形成了核心成果《创新教学模式的探究成果——构建思维课堂教学模式的四转化》，为润泽课堂、添彩新绿的教学之路注入了强大的动力。

（二）青蓝携手，共筑边疆教育梦

师徒结对不仅是一种形式上的承诺，更是对教育事业和学生未来的深沉责任。援疆教师们以身作则，传递着对教育的热爱和对学生的关怀。备课时的共同研讨，听课时的相互借鉴，磨课时的精益求精，评课时的坦诚交流，这一平台为两地教师提供了宝贵的成长机会。2023年2月至今，共呈现校级、县级公开课80余节，校内培训讲座60余次，援疆教师们参与听评课800多节。经过一年多的努力，在11名援疆教师的悉心指导下，托克扎克镇中心小学51名青年教师迅速成长。如音乐、道德与法治、数学、语文、美术等学科教师，在各类专业比赛获区级奖项8个、县级奖项12个；3名青年教师成为县级骨干教师，多名教师成为学校各学科骨干教师，2名教师被提拔为校级干部，3名教师被提拔为学校中层干部。援疆教师们的付出和托克扎克镇中心小学教师的迅速成长，为教育事业注入了新的活力和创意。

三、特色：塑造独特的文化润疆印记

托克扎克镇中心小学作为主导者，深入挖掘自身历史传统和发展目标，结合援疆教师的资源优势，创新性地开展多元化校本课程，不仅满足了学生个性化的学习需求，更赋予学生自主选择的空间，让他们在探索中感受中华优秀传统文化的魅力。

书法、刺绣、陶艺、舞狮、中华武术、啦啦操等26个社团的组建，正是援疆教师与学校共同努力的成果。在援疆教师的带领下，书法走进常规课堂，通过练习写字、写诗词、写句子的方式，增加师生认字量，为学好国家通用语言文字提速增效。学校还开设了教师书法兴趣班、学生书法特长班，书法已成为学校独特的文化名片。另有援疆教师引进后方的啦啦操教育资源，组建啦啦操社团，通过远程授课指导训练。经过一年多的训练，节目已日渐成熟，学生能在大型的文艺活动中表演。这些社团不仅培养了学生的兴趣与特长，更成为展示学校特色的

重要窗口,吸引了众多目光。

　　为了进一步提升文化润疆的影响力,学校深入挖掘中华优秀传统文化和各民族文化的精髓,从众多特色社团中精选、创造具有标识性的文化符号,不仅丰富了中华民族共同体意识的内涵,也进一步增强了中华民族向心力。学校落实中华优秀传统文化进课本、进课堂、进校园,形成了有关书法、快板等的体系化课程。组织学生每周学习书法、快板、舞狮、国画、刻纸、京剧等课程,每天参加"经典诵读+音乐律动"大课间活动等,在潜移默化、润物无声中厚植时代新人的精神底色。

第三节 铸牢中华民族共同体意识的文化润疆篇章

作为九三学社的一名优秀社员，我在援疆工作中践行着"接力援疆、赓续使命"的担当精神。我积极争取后方资源，希望为边疆教育事业的蓬勃发展注入强大动力，更在文化交流与民族融合方面做着一件又一件大实事。这一年多来，经我努力沟通"化缘"的爱心捐赠资金及物资折合约 25 万元，如疏附县托克扎克镇中心小学美育中心援建的资金支持 3 万元整，2024 年六一儿童节之际送给疏附县托克扎克镇中心小学全体学生 2000 册课外读本，站敏乡中心小学 3 台直饮水机，学生们喜欢的益智学具雪花片、魔方、棋具 6000 份，学校文创产品恩文化伴手礼袋 6000 个，价值 3 万元的大型办公速印机 1 台，等等。

一系列富有成效的"交往、交流、交融"三交活动顺利开展。这些活动不仅促进了穗疏两地的文化交流与民族融合，更让边疆地区的学生们深切感受到了来自社会各界的关爱与温暖。

2023 年 11 月，"才'帽'双全——托克扎克镇中心小学遮阳保暖帽捐赠活动、广州市越秀区教育局向学校捐赠遮阳保暖帽爱心活动"正式展开。捐赠的 4600 顶夏帽和冬帽，确保学校全体师生夏天有帽遮阳，冬天有帽保暖，让师生们感受到社会的关爱和温暖！这些帽子不仅温暖了学生们的身体，更代表着全社会对新疆少年儿童那份沉甸甸的关爱与呵护，让这所农村学校的每一个学生都能在温暖中度过冬天。

2023 年 12 月，九三学社广东省委会副主委、广州市委会主委、市科技局局长王桂林一行赴新疆喀什地区进行实地调研。此行中，九三学社广州市委员会向疏附县托克扎克镇中心小学捐赠了一批价值 2.8 万元的教育教学用品，包括课室挂钟、办公室打印机、比赛无人机、操场篮球架以及乒乓球拍等体育器材。这一善举不仅为边疆地区的学生们提供了实实在在的帮助，更传递了全社会对教育事业的高度重视和深切关爱。

  2024年夏日炎炎，疏附县高三毕业班的课室里缺乏降温设施。为了给学生们营造一个清凉舒适的学习环境，我积极联系九三学社，并得到了九三学社广州市委会以及贾鹏程副主委的大力支持。九三学社广州市委员会携手广州市程星通信科技有限公司，共同发起了"清风助梦行"爱心风扇捐赠活动。这一活动为疏附县教育局和托克扎克镇中心小学的学生们送去了清凉与关爱，让他们能够在舒适的环境中安心学习。学生们纷纷围在新安装的风扇旁，脸上洋溢着幸福的笑容。他们表示，有了这些风扇，教室变得更加凉爽舒适，学习也变得更加轻松愉快。这些风扇不仅为学生们的学习生活带来了舒适与便利，更成为穗疏两地友好交流与民族团结的生动见证。

  此外，我还成功策划并举办了多次线上线下的"三交"活动。其中，广州新疆"红领巾"线上一起过中秋国庆交流活动尤为引人注目。越秀区东山培正小学五年级的少先队员们怀着无比激动的心情，给新疆疏附县托克扎克镇中心小学的队员们写下了第一封信。东山培正小学的少先队员将祝福倾注于笔尖，每一笔每一画都用心用情，让文字拥有了温度，让信件充满了温情。虽然相隔千里，但心永远紧紧连在一起！不仅如此，穗疏两地的学生在中秋国庆之际，还约定在云端相聚。托克扎克镇中心小学的优秀队员在云端给广州的小伙伴分享习近平总书记到校参观时的寄语和希望，也介绍了新疆美食并发出邀约。一份份小心意，一封封书信，一段段微视频，成为两地队员真情沟通的好桥梁。参与"三交"活动的少先队员们都说，通过交流活动真切体会到民族团结一家亲的含义。在"三交"

活动中收获友谊、收获成长，同心共筑中国梦！穗疏两地的学生们于云端相聚，共同庆祝中秋和国庆佳节，分享彼此的生活和学习经历。这一活动不仅增进了两地学生之间的了解和友谊，更促进了穗疏两地的文化交流与民族融合。

2024年，广州市越秀区黄花小学与新疆喀什疏附县托克扎克镇中心小学携手，共同开展了一项具有深远意义的千里图书漂流活动。此次活动由我精心策划，旨在通过图书的传递和分享，搭建起两校学子间的心灵桥梁，促进文化交流与情感融合。活动以"阅见未来——以书会友"为主题，让两校的学生在阅读的道路上携手前行，共同开启一段精彩纷呈的旅程。

AFTERWORD 后记

阳光语文的温暖之光，照亮成长之路

在新疆这片广袤的土地上，我始终铭记自己的使命与责任，致力于将阳光语文的理念播撒在这片充满希望的土地上。从教至今，我积累了丰硕的阳光语文成果，并在教育援疆的岁月里完成了此书的创作。通过不断的积累与沉淀，我在这片疆土上实践撒播，真切感受到"被需要"的价值，踏实践行"教语文"的使命。

敬过往，期明日。我相信，教育的力量可以跨越山河，温暖每一个学生的心灵；我相信，民族团结的种子将在更多人的心中生根发芽；我更相信，通过教师们的共同努力，边疆教育的明天一定会更加美好。

书稿里的课例，凝聚着众多教育工作者的心血。这些课例，是穗疏两地开展教研活动时，几位优秀老师为疏附县教师精心准备的示范课。在此，我要向广州市越秀区登峰小学的王楚帆、叶文秀老师，广州市华侨外国语学校的张婕老师，广州市越秀区育才学校的文津、陈珊珊老师，以及广州市越秀区黄花小学的万雪儿老师，献上我最诚挚的感谢。

阳光语文以温暖之光，照亮了无数学生的成长之路，也为我指引着前行的方向。感谢所有支持和帮助过我的人，希望阳光语文能继续在教育的田野上播撒希望，收获美好的未来。

参考文献

[1] 战仕欣. 创建阳光课堂培育阳光青年——以初中语文课堂教学为例 [J]. 吉林教育（综合版），2022（09）：85-87.

[2] 耿红卫，王贝贝. 阳光语文教育建构策略研究 [J]. 南昌教育学院学报，2018，33（04）：31-33.

[3] 黄厚江. 语文课堂寻真：从原点走向共生 [M]. 上海：华东师范大学出版社，2016.

[4] 王崧舟.《义务教育语文课程标准（2022年版）》案例式解读（小学）[M]. 上海：华东师范大学出版社，2022.

[5] 靳彤，蔡可.《义务教育语文课程标准（2022年版）》案例式解读小学分册 [M]. 上海：华东师范大学出版社，2022.

[6] 刘济远. 小学语文教学策略 [M]. 北京：北京师范大学出版社，2010.

[7] 陆学玲. 基于情境的小学语文学习任务群设计与实施 [J]. 教学与管理，2022（35）：46-49.

[8] 谢春红. 基于学习任务群的主题单元整合教学——以统编版小学语文四下第四单元教学为例 [J]. 福建教育学院学报，2022（11）：85-87.